Jolanda Caon Werther Ceccon Marilisa De Gerone Claudia Dordi
Marco Piaia   Oriana Primucci Tiziana Raffaelli Raffaele Vaccarin

In bocca al lupo, ragazzi! 1

corso di italiano per la scuola secondaria di primo grado (11-14 anni)

libro dello studente

ALMA Edizioni

Sillabo

MODULO 1

Unità 1 Voltiamo pagina

AMBITO TEMATICO/CULTURALE	LESSICO TEMATICO	FUNZIONI	STRUTTURE GRAMMATICALI
• la presentazione personale • lo zainetto per il tempo libero • la nuova scuola: l'orario  Piemonte	• i dati personali (nome e cognome, età, indirizzo, scuola frequentata) • alcuni oggetti dello zainetto per il tempo libero • le materie della scuola	• presentarsi e presentare • porre domande sulle generalità • conversare sulle materie scolastiche	• pronomi personali soggetto • presente dei verbi regolari in *-are* • presente di *chiamarsi* • presente di *essere* e *avere* • nomi propri e nomi comuni • nomi in *-o, -a, -e* • articoli determinativi

Unità 2 Spero di cavarmela

AMBITO TEMATICO/CULTURALE	LESSICO TEMATICO	FUNZIONI	STRUTTURE GRAMMATICALI
• la nuova scuola: gli ambienti • le aspettative dei ragazzi per l'anno scolastico  Valle d'Aosta	• gli ambienti scolastici • espressioni che caratterizzano persone e ambienti	• comprendere e fare interviste sulla scuola • comporre un breve testo con gli appunti di un'intervista	• aggettivi qualificativi in *-o, -a, -e*

Unità 3 Il mondo è bello perché è vario

AMBITO TEMATICO/CULTURALE	LESSICO TEMATICO	FUNZIONI	STRUTTURE GRAMMATICALI
• caratteri e personalità dei compagni di classe  Campania	• aggettivi per descrivere il carattere • espressioni che identificano il carattere	• descrivere i propri compagni • comporre brevi messaggi scritti	• numeri cardinali e ordinali

Unità 4 Strada facendo

AMBITO TEMATICO/CULTURALE	LESSICO TEMATICO	FUNZIONI	STRUTTURE GRAMMATICALI
• il tragitto da casa a scuola • le informazioni stradali ITALIA lo sai che... Lombardia	• espressioni e verbi per chiedere e dare informazioni stradali	• descrivere il tragitto da casa a scuola • chiedere e dare informazioni stradali in modo formale e informale	• articoli indeterminativi • presente dei verbi regolari in *-ere* e *-ire* • presente di *capire* • presente dei verbi irregolari

Unità 5 Attaccare bottone

AMBITO TEMATICO/CULTURALE	LESSICO TEMATICO	FUNZIONI	STRUTTURE GRAMMATICALI
• le nuove conoscenze • i complimenti reciproci ITALIA lo sai che... Basilicata e Puglia	• espressioni e modi di dire per iniziare una conversazione • espressioni e modi di dire per fare complimenti	• iniziare e sostenere una conversazione • fare complimenti	• passato prossimo dei verbi regolari • aggettivi dimostrativi *questo* e *quello* • aggettivo qualificativo *bello*

MODULO 2

Unità 1 Il buon giorno si vede dal mattino

AMBITO TEMATICO/CULTURALE	LESSICO TEMATICO	FUNZIONI	STRUTTURE GRAMMATICALI
• le azioni del mattino ITALIA lo sai che... Sardegna e Sicilia	• espressioni per descrivere azioni quotidiane • oggetti, cibi, bevande e mezzi di trasporto	• descrivere le azioni quotidiane • raccontare cosa si fa al mattino	• presente dei verbi riflessivi

Unità 2 Avere sempre una scusa pronta

AMBITO TEMATICO/CULTURALE	LESSICO TEMATICO	FUNZIONI	STRUTTURE GRAMMATICALI
• scuse per non fare qualcosa ITALIA lo sai che... Marche	• espressioni per formulare richieste e scuse • espressioni per descrivere i lavori domestici	• ordinare di fare qualcosa • giustificarsi per non fare qualcosa	• doppia negazione

Unità 3 Qui ci vuole una regola

AMBITO TEMATICO/CULTURALE	LESSICO TEMATICO	FUNZIONI	STRUTTURE GRAMMATICALI
• regole e istruzioni ITALIA lo sai che... Lazio	• espressioni per formulare regolamenti e istruzioni	• proporre a qualcuno di fare qualcosa • comprendere e formulare divieti	• presente dei verbi modali *dovere*, *potere* e *volere* • imperativo informale (affermativo e negativo)

Unità 4 Ogni cosa al suo posto

AMBITO TEMATICO/CULTURALE	LESSICO TEMATICO	FUNZIONI	STRUTTURE GRAMMATICALI
• la stanza ITALIA lo sai che... Calabria	• oggetti e mobili della stanza • espressioni di localizzazione	• descrivere una stanza	• futuro semplice dei verbi regolari • futuro semplice di *essere* e *avere* • futuro semplice dei verbi irregolari

Unità 5 Una rondine non fa primavera

AMBITO TEMATICO/CULTURALE	LESSICO TEMATICO	FUNZIONI	STRUTTURE GRAMMATICALI
• le stagioni nelle varie parti del mondo ITALIA lo sai che... Trentino Alto Adige e Friuli Venezia Giulia	• espressioni per descrivere le attività nelle varie stagioni • espressioni per descrivere i paesaggi stagionali	• riassumere testi narrativi • comporre poesie	• locuzioni di tempo determinato

MODULO 3

Unità 1 Natale con i tuoi, Pasqua con chi vuoi

AMBITO TEMATICO/CULTURALE	LESSICO TEMATICO	FUNZIONI	STRUTTURE GRAMMATICALI
• località turistiche italiane ITALIA lo sai che... Emilia Romagna	• azioni delle vacanze e del tempo libero • espressioni per descrivere paesaggi	• raccontare esperienze personali al passato • descrivere località turistiche • descrivere paesaggi	• passato prossimo dei verbi riflessivi

Unità 2 Topi di biblioteca

AMBITO TEMATICO/CULTURALE	LESSICO TEMATICO	FUNZIONI	STRUTTURE GRAMMATICALI
• orientarsi fra le storie ITALIA lo sai che... Abruzzo e Molise	• parole ed espressioni per descrivere libri, storie e fiabe	• narrare storie • conversare sul contenuto di libri	• aggettivi possessivi

Unità 3 Acqua alta

AMBITO TEMATICO/CULTURALE	LESSICO TEMATICO	FUNZIONI	STRUTTURE GRAMMATICALI
• Venezia ITALIA lo sai che... Veneto	• nomi di personaggi famosi e monumenti veneziani • alcune caratteristiche di Venezia • nomi di pesci in dialetto veneto	• informarsi sugli aspetti tipici di una città • riferire informazioni sulla traccia di appunti	• pronomi diretti • pronomi indiretti

Unità 4 Sotto a chi tocca

AMBITO TEMATICO/CULTURALE	LESSICO TEMATICO	FUNZIONI	STRUTTURE GRAMMATICALI
• organizzare una festa • organizzare una visita in un museo ITALIA lo sai che... Liguria	• espressioni e modi di dire per organizzare una festa • formule di invito • cibi, bevande e oggetti di una festa	• dare ordini • formulare un biglietto di invito • commentare l'esito di una festa	• imperativo informale di alcuni verbi irregolari • imperativo dei verbi riflessivi • imperativo informale con pronomi

Unità 5 Gridare al lupo

AMBITO TEMATICO/CULTURALE	LESSICO TEMATICO	FUNZIONI	STRUTTURE GRAMMATICALI
• vizi e virtù nelle favole ITALIA lo sai che... Toscana e Umbria	• espressioni per descrivere vizi e virtù • espressioni per la narrazione di favole	• raccontare favole • esplicitare la morale di una favola	• connettivi temporali

Introduzione

In bocca al lupo, ragazzi! è un corso di lingua italiana per la scuola secondaria di I grado. Si rivolge ai ragazzi dagli 11 ai 14 anni, ed è diviso in tre livelli: A1/A2 (studenti già in possesso di una minima conoscenza della lingua italiana), A2, B1. Ogni livello è composto da:
un Libro dello studente suddiviso in tre moduli di cinque unità ciascuno;
un Quaderno di lavoro con esercizi, compiti e riflessioni;
una Guida per l'insegnante.

Il Libro dello studente ha un'impostazione comunicativa. Ogni percorso è centrato sull'apprendente, che viene sollecitato a confrontarsi con la lingua e a sviluppare atteggiamenti autonomi di curiosità, esplorazione e scoperta.

Le varie attività
- coinvolgono in lavori individuali, in coppia (😊😊) o in piccolo gruppo (😊😊😊);
- inducono a un frequente confronto con i compagni, usando lessico ed espressioni presentate in riquadri linguistici predisposti;
- attivano il riconoscimento dell'importanza del sociale e della condivisione del sapere;
- guidano verso un apprendimento legato al fare e allo sperimentare strategie e nuove vie, nonché alla riflessione e alla consapevolezza delle proprie potenzialità e capacità.

Ogni percorso inizia con la *presentazione degli obiettivi* per passare poi a un'*attivazione delle conoscenze pregresse* sulla tematica di volta in volta affrontata.
Segue un *input* in cui è presente un proverbio, un modo di dire o una frase idiomatica che dà il titolo al percorso stesso. Vengono poi proposte *attività* che coinvolgono i ragazzi nell'ascolto (A), nella lettura (L), nella conversazione (C), nel parlato (P), nella scrittura (S) e nella riflessione (R).

All'interno dei percorsi si trovano i rimandi agli *esercizi* del Quaderno di lavoro (✎Q) e alle *schede grammaticali* (@) di riflessione sulla lingua. Questa verte su vari livelli: sulla lingua come codice, come sistema organizzatore di significati o come strumento di comunicazione, a seconda della "sfida" presentata dall'uso linguistico in un determinato input del percorso didattico.
Le schede grammaticali vengono riproposte nel Quaderno di lavoro, all'interno dei relativi percorsi, e indirizzano verso la ricostruzione autonoma della regola attraverso l'osservazione dell'uso della lingua.
Ogni unità si conclude con una scheda di cultura italiana, con informazioni su aspetti peculiari delle regioni italiane.

Il Quaderno di lavoro è suddiviso anch'esso in tre moduli di cinque unità ciascuno e propone esercizi e compiti sul lessico, sulle strutture grammaticali e sulle funzioni linguistiche.
Gli esercizi e i compiti sono di diversa difficoltà, evidenziata con simboli (💧).
Le attività proposte sono tutte individuali perché pensate soprattutto per il rafforzamento e l'approfondimento delle conoscenze personali.
Al termine di ogni percorso si trova una griglia di riflessione su quanto appreso, con gli obiettivi che concorrono al raggiungimento delle competenze.

La Guida per l'insegnante riporta suggerimenti per la realizzazione delle varie attività dei percorsi, la trascrizione dei testi di ascolto, la soluzione degli esercizi del quaderno di lavoro e brevi testi per affrontare le difficoltà fonologiche e ortografiche della lingua italiana.

Auguriamo a tutti coloro che utilizzano questo libro un "in bocca al lupo" nell'insegnamento/apprendimento dell'italiano.

Gli autori, gli sperimentatori e le consulenti scientifiche

	Legenda
A	Ascolto
L	Lettura
C	Conversazione
P	Parlato
S	Scrittura
R	Riflessione
😊😊	Lavoro in coppia
😊😊😊	Lavoro in piccolo gruppo
@	Grammatica
✎Q	Quaderno di lavoro
⬤	Tracce audio online

Modulo 1 Unità 1

Voltiamo pagina

> MI PRESENTO, DICO DOVE ABITO, QUALE SCUOLA FREQUENTO E QUALI SONO LE MATERIE DEL MIO ORARIO SCOLASTICO.

c

1. 😊😊 Guardate l'immagine e dite dove sono i ragazzi e dove vanno.

A c

2. 😊😊 Ascoltate: avete indovinato?

A l

3. 😊😊 Riascoltate il dialogo, scegliete le tre frasi giuste e leggete la parola nascosta.

a Pronomi personali soggetto
Presente dei verbi regolari in -are
Verbo *chiamarsi*

- **t** Lisa perde il cellulare.
- **a** I ragazzi frequentano la stessa scuola.
- **s** La scuola Alfieri è in via Parma.
- **o** Lisa arriva a scuola in venti minuti.
- **i** I ragazzi abitano nello stesso palazzo.
- **!** Lisa "ha voltato pagina" perché ha cambiato città e scuola.

Modulo 1 Unità 1

a 2 Presente dei verbi *essere e avere*

4. *Prendete un dado e due pedine e fate il gioco dell'oca.*

1 PARTENZA

2 I personaggi del dialogo si chiamano…

3 La ragazza ha perso il…

4 Resti chiuso per un giro nel bagno della scuola.

5 La ragazza ha lo zainetto pieno di…

6 La ragazza frequenta la scuola…

7 La ragazza arriva a scuola a…

8 Non hai preso le scarpe da ginnastica. Torna indietro di quattro caselle.

9 Il ragazzo frequenta la scuola…

10 Hai dimenticato a casa il quaderno. Torna indietro di due caselle.

11 La scuola del ragazzo è vicina al…

12 La ragazza prima abitava a…

13 La segretaria ti chiama: devi restare fermo per un giro.

14 La ragazza abita in via…

15 I due ragazzi vanno a…

16 Non hai fatto i compiti. Torna indietro di cinque caselle.

17 La ragazza abita nel palazzo rosso dal mese di…

18 Piove. Torni a casa a prendere l'ombrello. Torna indietro di una casella.

19 La ragazza ha voltato pagina perché ha cambiato…

20 ARRIVO

Modulo 1 Unità 1

5. Leggi le seguenti presentazioni. Sei uno dei personaggi. Salutatevi e presentatevi a turno, come nell'esempio.

Nome: Anna
Cognome: Perga
Età: 11 anni
Indirizzo: corso Re Umberto 5, Torino
Scuola frequentata: Media "Viotti" corso Vercelli 15, Torino

Nome: Dante
Cognome: Silvestri
Età: 11 anni
Indirizzo: viale Giulio Cesare 50, Sesto Fiorentino, Provincia di Firenze
Scuola frequentata: Media "Cavalcanti" via Guerrazzi 178, Sesto Fiorentino

Nome: Gaia
Cognome: Buratti
Età: 12 anni
Indirizzo: via Edmondo De Amicis 10, Catania
Scuola frequentata: Media "Bellini" via Messina 4, Catania

Nome: Gavino
Cognome: Puddu
Età: 11 anni
Indirizzo: via delle Rondini 2, Cagliari
Scuola frequentata: Media "Colombo" via Sole 1, Cagliari

MI CHIAMO ROBERTO ROSSI. HO 12 ANNI. ABITO IN VIA ORTLES, 15 A BOLZANO. FREQUENTO LA SCUOLA MEDIA "MONTESSORI" IN VIALE EUROPA, 15 A BOLZANO.

6. Leggete e completate a turno oralmente.

Modulo 1 Unità 1

7. Siete Bobo e Lisa: intervistatevi, come nell'esempio. Ognuno scrive i dati in una scheda per la scuola come questa. Controllate se i dati sono corretti.

Nome: Maria

Cognome: Concini

Età: 12 anni

Indirizzo: via Volta 10, Bergamo

Tempo impiegato per arrivare a scuola: 15 minuti

Scuola frequentata lo scorso anno: Scuola Elementare "Pascoli"

Scuola frequentata quest'anno: Scuola Media "Manzoni"

8. Leggi la pagina di diario di Lisa e scrivi su un foglio quella del diario di Bobo. Confrontatevi.

Q13
Q14

a Nomi propri e nomi comuni
3

Oggi giornata speciale: alle 7.45 vado a scuola. Mi fermo all'edicola da Matteo e compro il mio giornalino preferito Supersbrif. Mi guardo attorno e vedo un ragazzo che mi piace proprio. Mi incammino verso la scuola (voglia zero!) e faccio cadere il giornalino. Forse lui lo vede.
Mi sento subito chiamare.
Il cuore mi batte forte, ma faccio finta di niente. È una buona occasione per iniziare a parlare. Ora so tante cose di lui: so che si chiama Roberto, Bobo per gli amici, che frequenta la scuola Montessori in viale Europa, che abita in via Ortles nel mio stesso palazzo e soprattutto che ha due bellissimi occhi scuri. Spero proprio di rivederlo presto!!!

9. Guardate l'immagine e indovinate perché Bobo e Lisa vanno dal vigile.

10. Ascoltate: avete indovinato?

2

Q15

a Nomi in -o, -a, -e
4

8 otto

Modulo 1 Unità 1

A C

11. *Tra questi zainetti ci sono quelli di Bobo e di Lisa. Riascoltate il dialogo e dite qual è quello di Bobo e quale quello di Lisa.*

a Articoli determinativi

S C

12. Scrivi su un foglio cinque oggetti che metti nello zainetto per il tempo libero.
A turno fate domande per indovinare cosa c'è nei vostri zainetti.

LE CARAMELLE — LO SKATEBOARD — LE RACCHETTE DA PING PONG — IL PORTAFOGLIO — LE CHIAVI — IL PANINO — I GIORNALINI — HAI DUE ARANCIATE? — NO, NON HAI INDOVINATO! — SÌ, HAI INDOVINATO! — L'IPOD — GLI SCARPONCINI — LE ARANCIATE — IL PALLONE — IL CELLULARE — LE MELE — I PATTINI A ROTELLE — IL MAGLIONCINO

L C

13. Leggi cosa ha scritto Bobo nel suo diario. Attenzione, devi dare un nome ai disegni.
Confrontatevi.

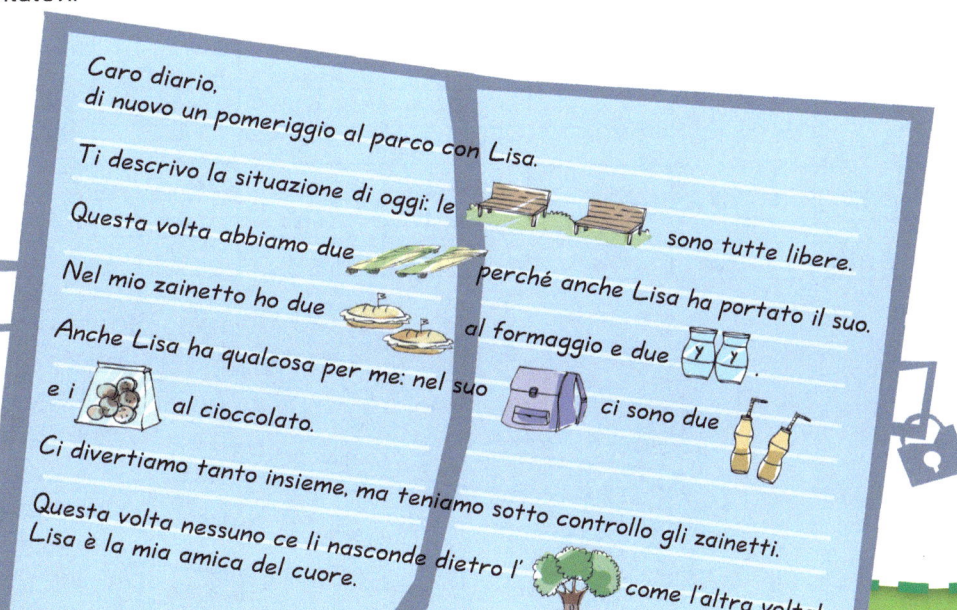

Caro diario,
di nuovo un pomeriggio al parco con Lisa.
Ti descrivo la situazione di oggi: le .... sono tutte libere.
Questa volta abbiamo due .... perché anche Lisa ha portato il suo.
Nel mio zainetto ho due .... al formaggio e due ....
Anche Lisa ha qualcosa per me: nel suo .... ci sono due .... e i .... al cioccolato.
Ci divertiamo tanto insieme, ma teniamo sotto controllo gli zainetti.
Questa volta nessuno ce li nasconde dietro l' .... come l'altra volta!
Lisa è la mia amica del cuore.

Modulo 1 Unità 1

14. *Guarda l'orario scolastico di Lisa e ascolta il dialogo. Di quale giorno della settimana parla Lisa? Confrontatevi.*

 MUSICA   MATEMATICA    TECNICA

	LUNEDÌ	MARTEDÌ	MERCOLEDÌ	GIOVEDÌ	VENERDÌ
8.00/8.50	matematica	tecnica	scienze	tedesco	italiano
8.50/9.40	tedesco	storia	italiano	tedesco	matematica
9.40/10.30	musica	matematica	educazione fisica	inglese	geografia
10.30/10.45			INTERVALLO		
10.45/11.35	italiano	geografia	religione	italiano	tedesco
11.35/12.25	italiano	tedesco	musica	arte	storia
12.25/13.15	scienze	inglese	matematica	arte	educazione fisica

 SCIENZE   GEOGRAFIA    ARTE   EDUCAZIONE FISICA

15. *Tra questi tre orari scolastici c'è quello di Bobo. Riascolta il dialogo e trovalo.*

	LUNEDÌ	MARTEDÌ	MERCOLEDÌ	GIOVEDÌ	VENERDÌ
8.00/8.50	tedesco	storia	italiano	tedesco	matematica
8.50/9.40	matematica	tecnica	scienze	tedesco	italiano
9.40/10.30	musica	matematica	educazione fisica	inglese	geografia
10.30/10.45			INTERVALLO		
10.45/11.35	italiano	tedesco	musica	arte	storia
11.35/12.25	italiano	geografia	religione	italiano	tedesco
12.25/13.15	scienze	inglese	matematica	arte	educazione fisica

	LUNEDÌ	MARTEDÌ	MERCOLEDÌ	GIOVEDÌ	VENERDÌ
8.00/8.50	musica	matematica	educazione fisica	inglese	geografia
8.50/9.40	tedesco	storia	italiano	tedesco	matematica
9.40/10.30	matematica	tecnica	scienze	tedesco	italiano
10.30/10.45			INTERVALLO		
10.45/11.35	scienze	inglese	matematica	arte	educazione fisica
11.35/12.25	italiano	tedesco	musica	arte	storia
12.25/13.15	italiano	geografia	religione	italiano	tedesco

	LUNEDÌ	MARTEDÌ	MERCOLEDÌ	GIOVEDÌ	VENERDÌ
8.00/8.50	matematica	geografia	tedesco	inglese	inglese
8.50/9.40	tedesco	storia	italiano	tedesco	arte
9.40/10.30	storia	matematica	educazione fisica	italiano	tecnica
10.30/10.45			INTERVALLO		
10.45/11.35	italiano	geografia	religione	italiano	scienze
11.35/12.25	educazione fisica	tedesco	musica	matematica	musica
12.25/13.15	scienze	inglese	matematica	arte	italiano

Modulo 1 Unità 1

C

16. Quale giorno di scuola preferisci? 😊😊 Parlatene e spiegate perché, come nell'esempio.

Mi piace ascoltare.

Mi piace cantare.

Mi piace risolvere problemi.

Mi piace disegnare.

IL MIO GIORNO PREFERITO È IL GIOVEDÌ PERCHÉ HO DUE ORE DI ITALIANO. È LA MIA MATERIA PREFERITA PERCHÉ LAVORIAMO CON I COMPAGNI.

IL MIO GIORNO PREFERITO È IL MARTEDÌ PERCHÉ HO DUE ORE DI EDUCAZIONE FISICA. MI PIACE MUOVERMI, SALTARE, CORRERE.

Mi piace organizzare il lavoro.

Mi piace la natura.

Mi piace studiare la carta geografica.

Mi piace creare oggetti utili.

L

17. Sai che cosa vuol dire? Leggi le battute del dialogo dell'attività 2.

Lisa: Prima abitavamo a Torino! Siamo qui solo da agosto!
Bobo: Ah, ecco! Tu **hai** proprio **voltato pagina**, eh?

"Voltare pagina" in questo caso vuol dire:

Cambiare modo di vivere.

Voltare la pagina di un libro quando si legge.

Cercare nel vocabolario.

R

18. Che cosa hai imparato?

 Q21

IO SO...

Modulo 1 Unità 1

ITALIA Lo sai che...

Il Piemonte
Torino è la città più importante del Piemonte ed è il suo capoluogo.
A Torino troviamo il museo dell'automobile.
Ci sono circa ottanta marche di vecchie automobili.
Sono di otto Paesi: Italia, Francia, Gran Bretagna, Germania, Olanda, Spagna, Stati Uniti, Polonia.
A Torino c'è anche la FIAT, cioè la fabbrica di automobili più famosa in Italia.
Osserva una delle sue prime automobili e spiega a che cosa ti fa pensare.

Fiat Modello 4Hp, Italia 1899

Modulo 1 Unità 1

Grammatica

1. Pronomi personali soggetto
   Presente dei verbi regolari in *-are*
   Verbo *chiamarsi*

Pronomi personali	abit-are
Io	abit**o**
Tu	abit**i**
Lei/Lui	abit**a**
Noi	abit**iamo**
Voi	abit**ate**
Loro	abit**ano**

Pronomi personali	chiam-arsi
Io	**mi** chiam**o**
Tu	**ti** chiam**i**
Lei/Lui	**si** chiam**a**
Noi	**ci** chiam**iamo**
Voi	**vi** chiam**ate**
Loro	**si** chiam**ano**

2. Presente dei verbi *essere* e *avere*

Pronomi personali	essere	avere
Io	sono	ho
Tu	sei	hai
Lei/Lui	è	ha
Noi	siamo	abbiamo
Voi	siete	avete
Loro	sono	hanno

3. Nomi propri e nomi comuni

Nomi propri	Nomi comuni
Superbrif	giornata
Roberto	scuola
Matteo	edicola

I nomi comuni si scrivono con lettera minuscola (piccola), quelli propri si scrivono con lettera maiuscola (grande).

4. Nomi in *-o*, *-a*, *-e*

Nomi in *-o* e in *-a*

	Singolare	Plurale
maschile	alber-**o**	alber-**i**
femminile	panchin-**a**	panchin-**e**

Nomi in *-e*

	Singolare	Plurale
maschile	cellular-**e**	cellular-**i**
femminile	chiav-**e**	chiav-**i**

Attenzione!

la mano – le mani   la radio – le radio   l'auto – le auto
la foto – le foto   la moto – le moto

5. Articoli determinativi

Articoli determinativi maschili		
Singolare	Plurale	Uso
il panino	**i** panini	consonante
lo zainetto	**gli** zainetti	s+consonante: sb, sc, sd, sp, st, sq; gn, ps, pn, y, x, z
l'elastico	**gli** elastici	vocale

Articoli determinativi femminili		
Singolare	Plurale	Uso
la merenda	**le** merende	consonante
l'aranciata	**le** aranciate	vocale

Modulo 1 Unità 2

Spero di cavarmela

> IMPARO A RISPONDERE A UN'INTERVISTA SULLA SCUOLA E A INTERVISTARE QUALCUNO.

C

1. *Provate a immaginare che lavoro fa la persona con il microfono in mano e dite dove si trova. Confrontatevi.*

L'INFERMIERE

IL COMMESSO

L'ARTISTA

IL GIORNALISTA

IL MAESTRO

IL SARTO

2. Scrivi su un foglio quali sono gli strumenti utili per fare un'intervista. *Confrontatevi.*

LA BUSSOLA

IL PALLONE

IL COMPUTER

LA ZAPPA

LA MATITA

LA PENTOLA

LA CORDA

IL REGISTRATORE

IL CELLULARE

IL PICCONE

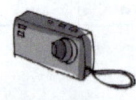
LA MACCHINA FOTOGRAFICA

LA PENNA

LO STETOSCOPIO

IL TACCUINO

LA SVEGLIA

IL MICROFONO

Modulo 1 Unità 2

L C

3. Scegli le azioni di chi fa un'intervista. 😊😊😊 *Confrontatevi.*

Si asciuga. — Ascolta la registrazione. — Canta. — Pone domande. — Annota. — Lavora al computer. — Cucina. — Scrive. — Risponde al cellulare. — Registra. — Salta. — Manda in stampa. — Scatta fotografie. — Nuota. — Si pettina. — Rilegge quello che ha scritto.

S

4. Scrivi su un foglio le domande che può fare il giornalista a una ragazza nel cortile della scuola.

A C

5. Ascolta l'intervista. Hai indovinato le domande del giornalista? 😊😊 *Confrontatevi.*

COME TI CHIAMI?

FRANCA.

VAI VOLENTIERI A SCUOLA?

SÌ, CI VADO VOLENTIERI PERCHÉ CI SONO LE MIE COMPAGNE.

Modulo 1 Unità 2

A C

6. *Riascolta l'intervista e trova la scuola di Franca.* 😊😊 *Confrontatevi.*

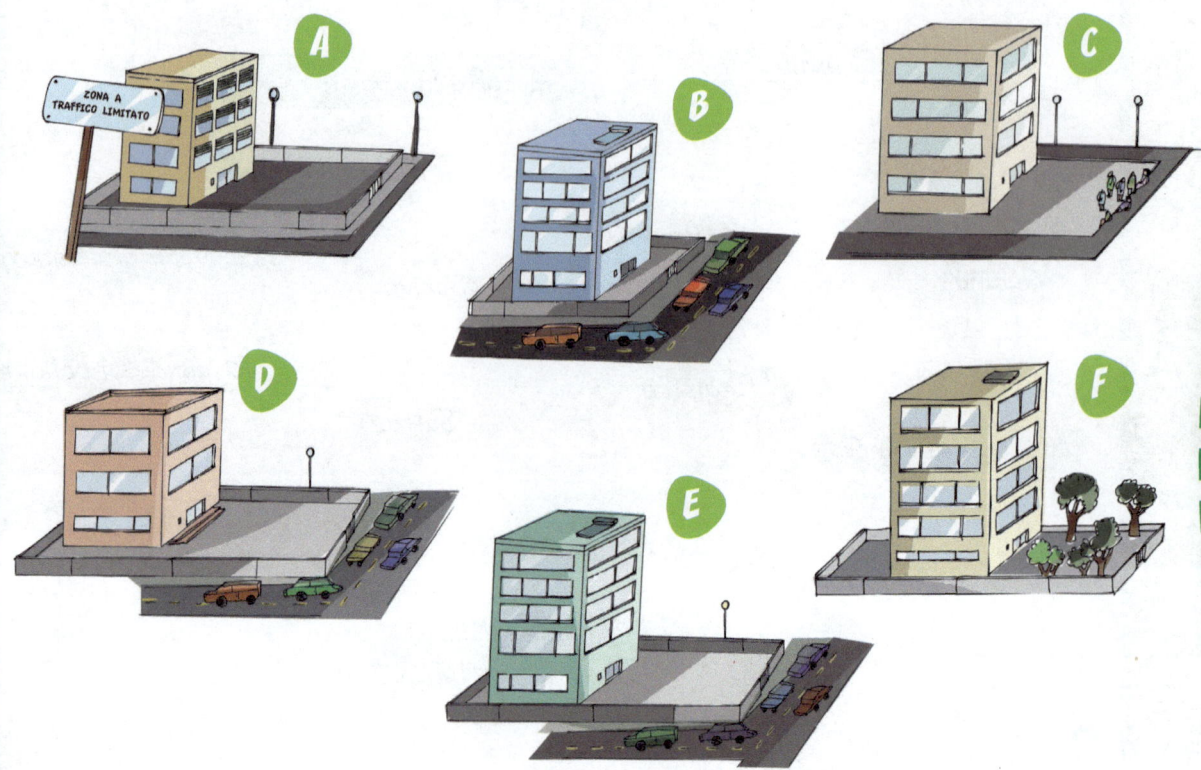

C

7. 😊😊 *Guardate l'illustrazione dell'attività 6. Ognuno di voi descrive a turno una delle scuole e l'altro indovina di quale si tratta.*

A C

8. *Riascolta l'intervista: Franca descrive al giornalista alcuni aspetti positivi e negativi della nuova scuola.* 😊😊 *Provate a ricordarli.*

S C

9. *Aiuta il giornalista a completare i suoi appunti per scrivere l'articolo sul quotidiano.* 😊😊 *Confrontatevi.*

 Aggettivi qualificativi in *-o, -a, -e*

Franca frequenta...

La sua aula è al...

Anche la sua mamma...

Attorno alla scuola c'è tanto...

La palestra è appena...

Le aule speciali sono...

Modulo 1 Unità 2

10. Leggi il diario di Cosimo, un compagno di Franca. Cerca l'illustrazione giusta per ogni elemento descritto, poi trascrivi le lettere su un foglio e scopri di quale laboratorio parla Cosimo.

> Oggi, 22 settembre, descrizione della nuova scuola: nuova? Non proprio come costruzione, ma nuova per me che vengo dalle elementari di via Caravaggio. Prima di tutto ha un portone in legno pesante e ben lavorato, poi, quando entri, vedi delle scale larghe, quelle che si usavano una volta.
> Vicino alle scale si trova un ascensore. Al pianterreno c'è una palestra piena di attrezzi, mancano solo le pertiche. C'è persino la rete per giocare a pallavolo.
>
> Sempre al pianterreno, nell'ala nuova della scuola, abbiamo una grande biblioteca con tranquilli angoli per leggere in pace un libro.
> La mensa è lì vicino.
> Al quarto piano si trova l'aula di scienze: è la mia preferita perché dentro c'è un grande acquario. Sempre lì al quarto piano, cioè all'ultimo, abbiamo la sala di informatica con 15 computer. Poi… e poi…
> c'è anche il laboratorio di….
> ma adesso sono stanco e vado a letto.

1 IL PORTONE — C, T 
2 LE SCALE — U, E 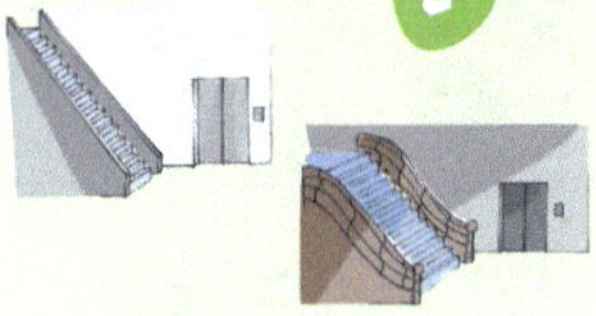
3 LA PALESTRA — B, C
4 LA BIBLIOTECA — N, V 
5 MANGIARE — O, I 
6 L'AULA DI SCIENZE — O, C 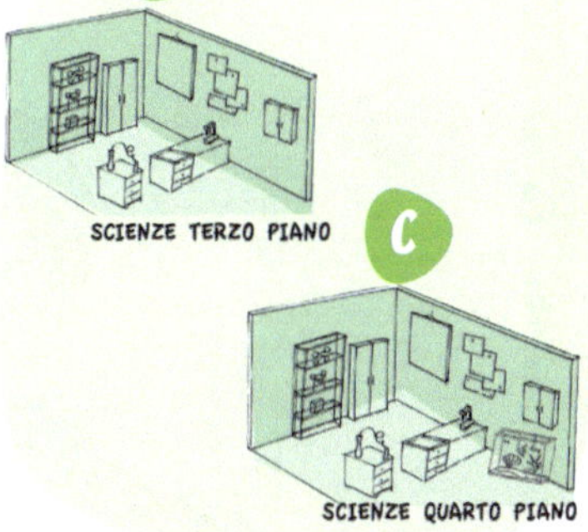
7 L'AULA DI INFORMATICA — A, F

11. Scrivi una pagina di diario sulla tua scuola e, se vuoi, illustra con qualche disegno i suoi spazi.

Modulo 1 Unità 2

A

12. Ascolta l'intervista e individua i professori di Martina.

A C

13. Riascolta l'intervista a Martina. Dite quali sono le sue paure.

Modulo 1 Unità 2

C S

14. Scegli nel fumetto le domande utili per fare un'intervista sulla scuola.
👥 Intervistatevi e prendete appunti.

CONOSCI TUTTI I NUOVI INSEGNANTI?
TI PIACE L'ARANCIATA?
VAI BENE IN ITALIANO?
COSA TI MANCA ALLA SCUOLA MEDIA?
DI CHE COSA HAI PAURA?
QUALI SONO GLI ASPETTI POSITIVI
E NEGATIVI DI QUESTA SCUOLA?
COSA SPERI PER IL NUOVO ANNO?
QUALI SONO LE AULE CHE TI PIACCIONO DI PIÙ?
SPERI DI CAVARTELA IN TUTTE LE MATERIE?
TI PIACE LA MUSICA?
DESIDERI UN NUOVO CAPPOTTO?
VAI ALLA MENSA?

S

15. Con gli appunti dell'intervista dell'attività 14 scrivi su un foglio un breve testo, come nell'esempio.

Francesco conosce tutti i nuovi insegnanti...

L

16. Sai che cosa vuol dire? Leggi le battute del dialogo dell'attività 12.

Giornalista: E con le materie come ti trovi?
Martina: Ma, ci sono molte materie, alcune nuove come musica, arte e tecnica. Mi fanno un po' paura. **Spero** proprio **di cavarmela** quest'anno!

"Spero di cavarmela" in questo caso vuol dire:

Spero di togliere delle pietre da una strada.

Spero di riuscire a fare una cosa.

Spero di togliermi la maglia.

R

17. Che cosa hai imparato?

 Q15

IO SO...

diciamove

Modulo 1 Unità 2

ITALIA Lo sai che...

AOSTA

La Valle d'Aosta
È la regione che ospita il Parco Naturale del Gran Paradiso. Nel parco vivono tranquilli molti animali perché non ci sono cacciatori.
Il simbolo del parco è lo stambecco. Oggi gli stambecchi nel parco sono più di 4.000.
Il parco ospita anche aquile reali, camosci e marmotte.
I Parchi Naturali sono importanti perché garantiscono un ambiente protetto per gli animali.

Il parco naturale del Gran Paradiso

L'aquila

Il camoscio

Lo stambecco

La marmotta

20
venti

Modulo 1 Unità 2

1. Aggettivi qualificativi in -o, -a, -e

Aggettivi qualificativi in -o e in -a

	Maschile	Femminile
singolare	il professore è sportiv**o**	la professoressa è sportiv**a**
plurale	i professori sono sportiv**i**	le professoresse sono sportiv**e**

Attenzione!

Gli aggettivi che al singolare finiscono in *-co*, *-ca* e *-go*, *-ga*, al plurale finiscono in *-chi*, *-che* e *-ghi*, *-ghe*.

	Maschile	Femminile
singolare	il muro è lar**go** il corridoio è spor**co**	la strada è lar**ga** la scala è spor**ca**
plurale	i muri sono lar**ghi** i corridoi sono spor**chi**	le strade sono lar**ghe** le scale sono spor**che**

Aggettivi qualificativi in -e

	Maschile	Femminile
singolare	il ragazzo è intelligent**e**	la ragazza è intelligent**e**
plurale	i ragazzi sono intelligent**i**	le ragazze sono intelligent**i**

Modulo 1 Unità 3

Il mondo è bello perché è vario

DESCRIVO ALCUNI COMPAGNI DI SCUOLA E SCRIVO LORO DEI MESSAGGI.

1. *Trova nella tabella tre caratteristiche di qualcuno della tua classe. Ditele a turno e indovinate di chi si tratta, come nell'esempio.*

Parole per… descrivere una persona

allegro	altruista	ottimista	distratto	chiacchierone
ordinato	diligente	triste	egoista	pessimista
attento	taciturno	disordinato	negligente	

È CHIACCHIERONA, ORDINATA E OTTIMISTA.

È TERESA!

È ALLEGRO, DISTRATTO E NEGLIGENTE.

È CARLO!

22
ventidue

2. Scrivi su un foglio due tue caratteristiche "scolastiche".
😊😊 Confrontatevi e aggiungetene almeno altre due, come nell'esempio.

SONO UNA GRANDE CHIACCHIERONA, MA AL MOMENTO GIUSTO SO STARE ATTENTA!

SECONDO ME SEI ANCHE ORDINATA E ALTRUISTA!

3. Ognuno legge una delle descrizioni di "tipi da scuola".
😊😊 A turno cercate di ricordare almeno cinque caratteristiche.

Il "cervellone"
È molto intelligente. A scuola preferisce la matematica, dove è un campione. Segue concentrato tutte le lezioni e sa rispondere a ogni domanda dei professori. Da loro è tenuto in considerazione. È odiato/amato dai compagni e per questo è messo un po' in un angolo o preso in giro. Anche fuori dalla scuola non ha molti amici. Nel tempo libero ama giocare a scacchi e suonare il pianoforte. Quando si avvicinano le interrogazioni o un compito in classe, tutti lo cercano per avere delle spiegazioni.

Il "copione"
È svogliato e negligente a scuola: non gli piace studiare. I professori lo richiamano spesso e a volte lo sgridano. Fuori dalla scuola è intraprendente e interessato a tutto: allo sport, al cinema, ai concerti rock, ai videogiochi. Tende a sfruttare i compagni perché preferisce non fare i compiti, ma copiarli in fretta la mattina prima delle lezioni o durante l'intervallo. È un tipo allegro, scherzoso. C'è sempre qualche compagna pronta a offrirgli il proprio compito.

*Testi riadattati da **Mondo Erre***

Modulo 1 Unità 3

A

4. Ascolta e indica qual è l'agenda del pomeriggio di Mara e quale quella di Lucia.

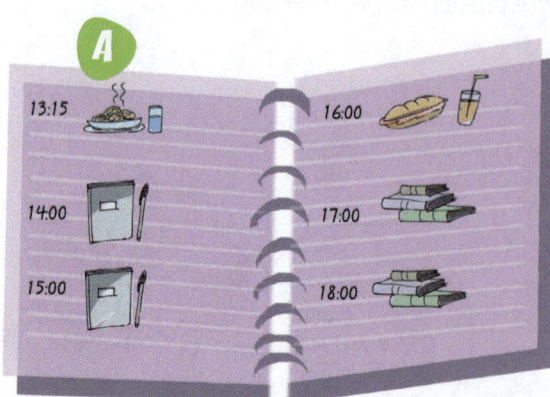

A C

5. Riascolta e indica quali sono le caratteristiche di Mara. Confrontatevi.

- diligente
- sportiva
- egoista
- generosa
- studiosa
- svogliata
- silenziosa
- chiassosa
- disordinata
- intelligente
- ordinata

S

6. Scrivi su un foglio la descrizione di un "tipo da scuola". Aiutati con le indicazioni della lista.

- rapporti con i compagni
- caratteristiche
- preferenze a scuola
- rapporti con i professori
- preferenze fuori dalla scuola

Modulo 1 Unità 3

L C

7. Leggete a turno le descrizioni dell'attività 6 e commentatele.

> **Espressioni per... commentare**
>
> È vero!
> Sono d'accordo!
> Secondo me è anche......
> Non mi pare proprio.
> Non sono d'accordo!
> Hai dimenticato che è......

L C

8. Leggi i messaggi e indica i "tipi da scuola" della lista, che li hanno inviati. Confrontatevi.

- impegnata
- svogliato
- scansafatiche
- egoista
- altruista
- triste
- cervellone
- distratta

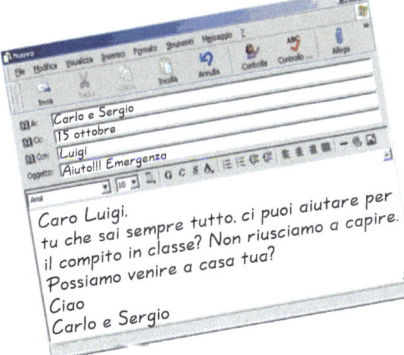

Caro Marco,
ho sentito che non
hai avuto tempo
di fare il compito.
Copia pure il mio.
Susi.

S

9. Osserva la tabella e scrivi su un foglio i tre messaggi proposti.

	TIPO DI MESSAGGIO	"TIPO DA SCUOLA"	SCOPO DEL MESSAGGIO
1	un bigliettino	a un tipo chiacchierone	richiesta di silenzio durante le lezioni
2	una e-mail	a un tipo ordinato	richiesta di aiuto per fare ordine nel raccoglitore di scienze
3	un sms	a un tipo allegro	invito ad una festa

Modulo 1 Unità 3

10. Leggi la lettera e scrivi su un foglio la risposta. Segui la struttura data.

TESTO	STRUTTURA
Aosta, 6 gennaio	LUOGO E DATA
Caro Massimo,	FORMULA DI APERTURA
Tutto bene? Sono arrivato a casa anch'io: le vacanze purtroppo sono finite.	INTRODUZIONE
Dopo la tua partenza la pensione sembrava proprio vuota e stare con gli amici non era più così divertente come quando c'eri tu. Ti ricordi quanto abbiamo riso? A proposito, hai incontrato di nuovo Francesca e Loredana? Fammi sapere. Sai che sono arrivato primo alla gara di sci? Sergio è arrivato ventisettesimo, Aldo trentaquattresimo e Mario addirittura cinquantunesimo.	SVOLGIMENTO
Adesso purtroppo mi devo organizzare e incominciare a fare qualcosa per la scuola: la "pacchia" è finita! Tu, preciso come sei, ti sarai già preparato, immagino, ma il mondo è bello perché è vario: tu sei organizzato e ordinato, io vivo nel caos. Non ti dico come è la mia stanza. Non trovo neanche i libri, per non parlare poi dei quaderni... A proposito, come si fa a diventare ordinati? Spero di rivederti in aprile per le vacanze di Pasqua. Scrivimi, se hai voglia.	CONCLUSIONE
Ciao	FORMULA DI CHIUSURA
Luca	FIRMA
P.S. In bocca al lupo per le gare di nuoto!	POST SCRIPTUM

Modulo 1 Unità 3

11. Osserva la classifica della gara finale del Trofeo Topolino. Luca è arrivato ventesimo. Scrivi su un foglio in quale ordine sono arrivati gli altri.

Numeri cardinali e ordinali

12. A turno domandate e rispondete come nell'esempio.

Modulo 1 Unità 3

 Q16
Q17

13. Scegli due biglietti e scrivi il testo richiesto.
😊😊 Confrontatevi.

Scrivi un sms a un amico "cervellone" per invitarlo ad andare a mangiare una pizza.

Scrivi un sms a un'amica scansafatiche per proporle di venire a casa tua a studiare prima del compito in classe.

Scrivi una breve lettera a un'amica che è triste perché ha perso il suo maglione preferito.

Scrivi una e-mail a un amico svogliato e spiegagli come deve fare i compiti di italiano per il giorno dopo.

Scrivi una cartolina ad un amico allegro per augurargli una buona serata in occasione del suo compleanno.

14. Sai che cosa vuol dire? Rileggi una parte della lettera dell'attività 10.

> ...Adesso purtroppo mi devo organizzare e incominciare a fare qualcosa per la scuola: la "pacchia" è finita!
> Tu, preciso come sei, ti sarai già preparato, immagino, ma **il mondo è bello perché è vario**: tu sei organizzato e ordinato, io vivo nel caos...

"Il mondo è bello perché è vario" in questo caso vuol dire:

È bello girare per il mondo.

Il mondo è noioso perché non c'è niente di interessante da vedere.

Il mondo è bello perché siamo tutti diversi.

 Q18

15. Che cosa hai imparato?

IO SO...

Modulo 1 Unità 3

ITALIA Lo sai che...

La Campania
È una delle regioni dell'Italia meridionale. Il suo capoluogo è Napoli dove si trova un magnifico golfo, in cui arrivano navi e imbarcazioni da tutto il mondo.
Sopra la città si vede il Vesuvio, vulcano che nel 79 d.C. ha sepolto con lava, pietre e cenere le cittadine romane di Ercolano e Pompei in un momento qualsiasi della vita di tutti i giorni. Gli scavi hanno portato alla luce come si viveva in quell'epoca.

Il Vesuvio

Calco di cane morto alla catena durante l'eruzione del Vesuvio

Modulo 1 Unità 3

Grammatic@

1. Numeri cardinali e ordinali

Numeri cardinali	Numeri ordinali
0 zero	
1 uno	1° primo
2 due	2° secondo
3 tre	3° terzo
4 quattro	4° quarto
5 cinque	5° quinto
6 sei	6° sesto
7 sette	7° settimo
8 otto	8° ottavo
9 nove	9° nono
10 dieci	10° decimo
11 undici	11° undicesimo
12 dodici	12° dodicesimo
13 tredici	13° tredicesimo
14 quattordici	14° quattordicesimo
15 quindici	15° quindicesimo
16 sedici	16° sedicesimo
17 diciassette	17° diciassettesimo
18 diciotto	18° diciottesimo
19 diciannove	19° diciannovesimo
20 venti	20° ventesimo
21 ventuno	21° ventunesimo
22 ventidue	22° ventiduesimo
30 trenta	30° trentesimo
40 quaranta	40° quarantesimo
50 cinquanta	50° cinquantesimo
60 sessanta	60° sessantesimo
70 settanta	70° settantesimo
80 ottanta	80° ottantesimo
90 novanta	90° novantesimo
100 cento	100° centesimo
101 centouno	101° centunesimo
102 centodue	102° centoduesimo
110 centodieci	110° centodecimo
200 duecento	200° duecentesimo
300 trecento	300° trecentesimo
1000 mille	1000° millesimo
100.000 centomila	100.000° centomillesimo

Attenzione!

I numeri ordinali dopo il 10 si formano aggiungendo la desinenza *-esimo* al numero cardinale.

Modulo 1 Unità 4

Strada facendo

MI INFORMO SU COME ARRIVARE IN UN LUOGO.

1. 😊😊😊 *Fate una passeggiata in una nuova città. Come fate a ricordare la strada per ritornare al punto di partenza?*

SEGNO SULLA PIANTINA LA STRADA CHE FACCIO.

IO INVECE RICORDO I NOMI DELLE STRADE E ALCUNI EDIFICI.

Modulo 1 Unità 4

2. Leggi il testo e scopri perché Carlo non si perde in una nuova città. Confrontatevi.

L'INSEGNA

LA FACCIATA DI UNA CHIESA

LO STECCATO

LA SIEPE

L'INCROCIO

IL SEMAFORO

LA PORTA BIANCA E BLU

LA VETRINA DI UN PANIFICIO

IL CANCELLO DI FERRO

I due cugini

Carlo vive a Milano. Nella sua città le scuole sono chiuse per tre giorni di vacanza. Carlo va a trovare suo cugino Alberto a Perugia. Arriva in treno e Alberto, con i suoi genitori, lo va a prendere alla stazione. Dopo cena decidono di andare a letto presto perché il giorno dopo Alberto deve andare a scuola. Carlo vuole accompagnarlo. La mattina presto fanno colazione e poi escono.
Alberto è preoccupato: "Carlo, come fai poi a trovare la strada per tornare a casa?".
"Stai tranquillo - gli risponde Carlo - io so come fare, me l'ha insegnato il mio papà. Ogni tanto, strada facendo, guardo qualcosa che mi piace e cerco di ricordarmela. Poi, al ritorno, ritrovo la strada, per esempio: vedi che bell'insegna ha quel negozio di mobili?".
Alberto lo guarda sorpreso: non si era mai accorto di quell'insegna. Vanno avanti per un po', poi Carlo si ferma e gli fa vedere la facciata di una grande chiesa, tutta in pietra lavorata. Dietro la chiesa scoprono la porta di una vecchia casa, una porta piccola, bianca e blu. Più avanti vedono la vetrina di un panificio. C'è di tutto: panini di tutte le forme, biscotti e torte.
Proseguono verso la scuola.
C'è sempre una nuova scoperta: uno steccato, una siepe, un albero particolare, un cancello di ferro, un incrocio con un semaforo e altro ancora. Al ritorno Carlo trova facilmente la strada.

3. Durante il percorso per andare alla scuola di Alberto, Carlo ha scattato delle fotografie. Mettetele in ordine e scoprite la parola nascosta.

a Articoli indeterminativi singolari

 L

 N

 A

 I

 O

 M

CARLO, COME FAI POI A TROVARE LA STRADA PER TORNARE A CASA?

Modulo 1 Unità 4

4. Descrivete il ritorno a casa di Carlo. Aiutatevi con le illustrazioni dell'attività 2.

5. Dite a turno cinque cose che vedete per andare da casa a scuola.

IL CINEMA   LA BANCARELLA   LA FARMACIA   LA MACELLERIA   IL PARCHEGGIO   LA PIAZZA

LA STAZIONE FERROVIARIA   LA FERMATA DEGLI AUTOBUS   L'EDICOLA   IL FIORAIO   IL MONUMENTO   LA FONTANA   IL DISTRIBUTORE DI BENZINA

6. Osservate la cartina. Posizionatevi alla partenza, chiedete informazioni stradali a qualcuno della vostra età e rispondete, come nell'esempio.

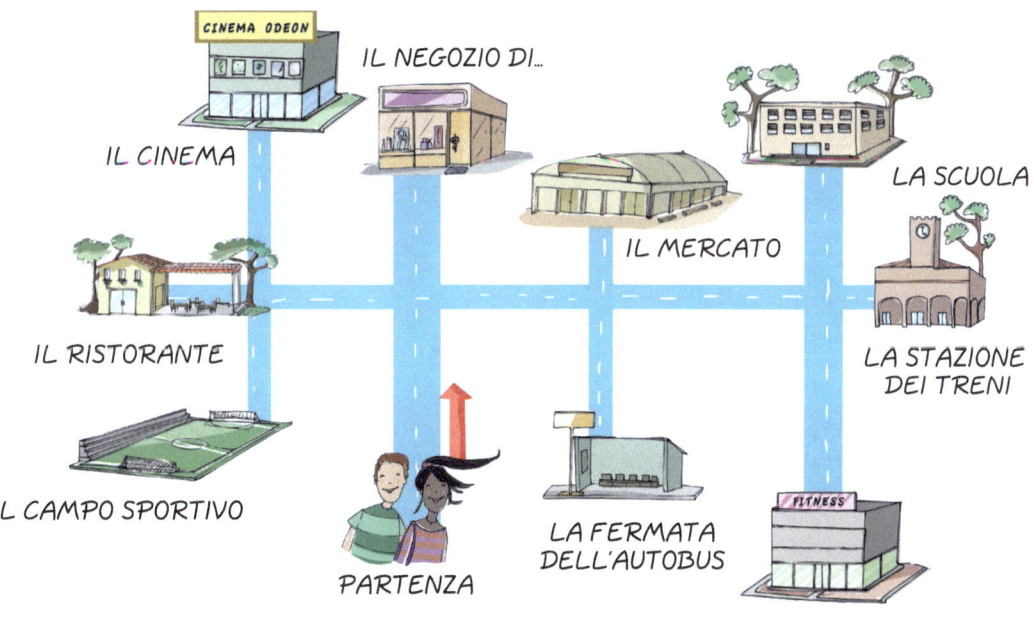

IL CINEMA — IL NEGOZIO DI... — LA SCUOLA
IL RISTORANTE — IL MERCATO — LA STAZIONE DEI TRENI
IL CAMPO SPORTIVO — PARTENZA — LA FERMATA DELL'AUTOBUS — LA PALESTRA

Espressioni per... chiedere informazioni a un ragazzo

Scusa, mi puoi indicare dov'è...?
Mi puoi indicare...?
Saresti così gentile da...?
Puoi dirmi come faccio ad arrivare a...?
Sai dirmi dove si trova...?
Puoi aiutarmi a trovare...?

MI PUOI DIRE DOV'È IL CINEMA "ODEON"?

VA' AVANTI DRITTO FINO ALL'INCROCIO, GIRA A...

Modulo 1 Unità 4

C

7. 😊😊 *Guardate la cartina dell'attività 6. Interpretate i ruoli: un ragazzo chiede e un vigile dà informazioni, come nell'esempio.*

Espressioni per... chiedere informazioni a un adulto

Scusi, potrebbe indicarmi dov'è...?
Mi può indicare...?
Mi può dire dove si trova...?
Può dirmi come faccio ad arrivare a...?
Sarebbe così gentile da...?
Mi sa dire dove si trova...?
Potrebbe aiutarmi a trovare...?

MI SA DIRE DOV'È IL CINEMA "ODEON"?

CERTO, VA' AVANTI DRITTO FINO ALL'INCROCIO, GIRA A...

A C

8. 😊😊😊 *Ascoltate il dialogo, seguite il tragitto sulla cartina e dite dov'è andato Andrea.*

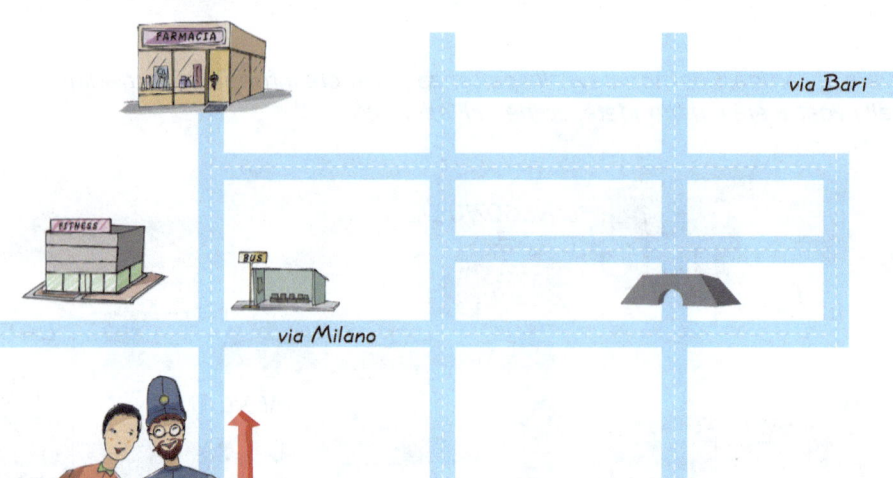

C

9. 😊😊 *A turno chiedete informazioni per andare in uno dei luoghi indicati nella cartina. Rivolgetevi a una persona adulta o a qualcuno della vostra età.*

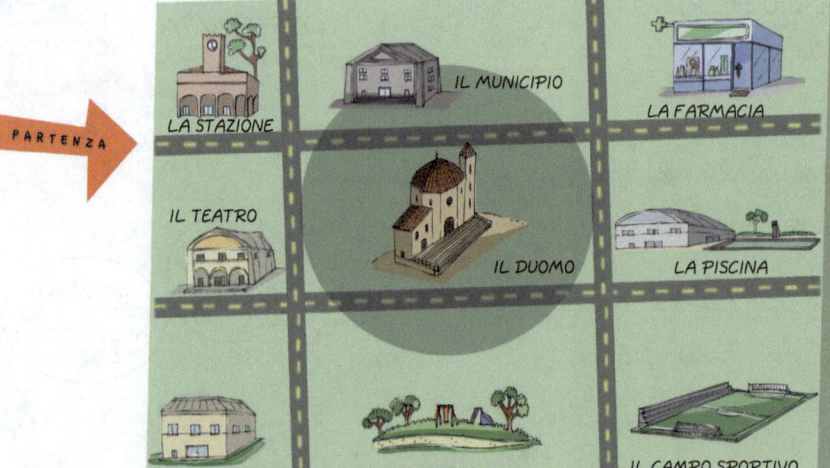

Modulo 1 Unità 4

Q12
Q13

a 2 Presente dei verbi regolari in *-ere* e *-ire*
Verbo *capire*

10. A turno dite cosa fate in una di queste situazioni.

> Ti trovi in centro, in periferia o in campagna. Ti perdi.
> Cosa puoi fare? A chi chiedi informazioni? Che cosa chiedi?

11. Leggi e abbina l'illustrazione al testo.

Q14
Q17

a 3 Presente dei verbi irregolari

1 Come ogni mercoledì, anche oggi, sono a pranzo dai nonni. Esco da scuola di corsa, attraverso la strada e passo davanti alla grande casa gialla. Alle finestre ci sono vasi di fiori rossi. Proseguo e, strada facendo, passo davanti a un cinema.

2 Più avanti, vedo un semaforo. Quando soffia il vento, si muove pericolosamente e ogni volta ci passo vicino velocemente. Lì giro a sinistra.

3 Proseguo per la larga strada che costeggia la scuola materna. Davanti all'edificio si possono vedere tanti giochi per bambini e alle finestre ci sono fiori di carta e disegni di personaggi di fiabe.

B

C

A

D

E

4 Attraverso il ponte e giro a destra. Costeggio il fiume, cammino lungo il marciapiede in parte occupato dai tavolini del bar e dalle macchine.

5 Ancora pochi metri e mi trovo davanti alla palazzina a tre piani con le serrande verdi dove abitano i miei nonni. Salgo le scale e arrivo davanti alla porta del loro appartamento.

35 *trentacinque*

Modulo 1 Unità 4

S

12. Descrivi, su un foglio, il tuo percorso da casa a scuola.

Consigli per... descrivere

- Parla in prima persona.
Esco da casa e giro a destra.
- Usa frasi semplici.
Attraverso al semaforo.
- Descrivi i luoghi.
La casa è gialla con le finestre piccole e piene di fiori.
- Descrivi la strada che fai.
Attraverso il ponte, giro a sinistra e cammino lungo il fiume.
- Presta attenzione ai particolari.
Al centro dell'incrocio vedo un'aiuola decorata con sassi colorati e piante fiorite.

L

13. Sai che cosa vuol dire? Rileggi la frase del testo dell'attività 2.

"Ogni tanto, strada facendo, guardo qualcosa che mi piace e cerco di ricordarmela".

"Strada facendo" in questo caso vuol dire:

Mentre si cammina.   Perdersi per strada.   Costruire una strada.

R

14. Che cosa hai imparato?

 Q18

Modulo 1 Unità 4

ITALIA Lo sai che...

La Lombardia
È una regione delimitata dalle Alpi nella parte settentrionale.
Comprende diversi laghi: il Lago Maggiore, il Lago di Como, il Lago d'Iseo e la sponda occidentale del Lago di Garda. Sulle rive dei laghi il clima è mite. Nella parte meridionale della Lombardia c'è la Pianura Padana. La regione ha molte industrie, ma in pianura è sviluppata anche l'agricoltura. Milano è il capoluogo della Lombardia. Famoso è il suo Duomo con la statua della Madonnina. Questa statua è in rame dorato ed è sul punto più alto del Duomo dal 1774. È il simbolo della città. Quando a Milano accade qualcosa, si dice che è accaduta *"all'ombra della Madonnina"*. Sai quanto è alta la statua della Madonnina? Raccogli informazioni per scoprirlo!

Il Duomo di Milano

La Madonnina

Modulo 1 Unità 4

Gramματic@

1. Articoli indeterminativi singolari

Articoli indeterminativi	
Maschile singolare	Uso
un cancello, **un** albero	consonante e vocale
uno steccato	s+cons.: sb, sc, sd, sp, st, sq; gn, ps, pn, y, x, z

Articoli indeterminativi	
Femminile singolare	Uso
una macchina	consonante
un'insegna	vocale

2. Presente dei verbi regolari in *-ere* e *-ire*
Verbo *capire*

Pronomi personali	*ved-ere*	*prosegu-ire*
Io	ved**o**	prosegu**o**
Tu	ved**i**	prosegu**i**
Lei/Lui	ved**e**	prosegu**e**
Noi	ved**iamo**	prosegu**iamo**
Voi	ved**ete**	prosegu**ite**
Loro	ved**ono**	prosegu**ono**

Pronomi personali	*cap-ire*
Io	cap**isc**o
Tu	cap**isc**i
Lei/Lui	cap**isc**e
Noi	capiamo
Voi	capite
Loro	cap**isc**ono

3. Presente dei verbi irregolari

Pronomi personali	*andare*	*fare*	*uscire*	*stare*
Io	vado	faccio	esco	sto
Tu	vai	fai	esci	stai
Lei/Lui	va	fa	esce	sta
Noi	andiamo	facciamo	usciamo	stiamo
Voi	andate	fate	uscite	state
Loro	vanno	fanno	escono	stanno

Modulo 1 Unità 5

Attaccare bottone

> FACCIO CONOSCENZA CON RAGAZZE E RAGAZZI DELLA MIA ETÀ. FACCIO COMPLIMENTI.

c

1. 😊😊 *Rispondete alle domande.*

IN ESTATE

I ragazzi dell'illustrazione si sono conosciuti durante l'estate.
E voi chi avete conosciuto quest'estate e dove?
Chi ha iniziato a parlare?
Cosa avete detto?

c

2. *Quando incontri qualcuno cosa dici? Scegli una frase e scopri che tipo sei.*

Frasi per… fare conoscenza

a. Scusa, posso farti una domanda?
b. Ehilà, come ti chiami?
c. Ciao, come ti chiami?
d. Che tempaccio oggi, eh?

Che tipo sei?

a. Sei un tipo gentile ed educato.
b. Nascondi la tua timidezza fingendo sicurezza.
c. Sei una persona aperta, diretta e sicura di sé.
d. Sei una persona tradizionale e tendenzialmente riservata.

39
trentanove

Modulo 1 Unità 5

3. Leggi i minidialoghi e abbinali ai titoli. Poi interpretate i minidialoghi.

Passato prossimo

1
Davide: Oh, scusa se ti ho urtato!
Maria: Non ti preoccupare, non sei l'unico a urtarmi con questo zainetto così grande!
Davide: E è anche pesante, immagino!
Maria: Certo, mi porto dietro tutto per non dimenticare niente!
Davide: Non dirai mica sul serio?

2
Paolo: Pistacchio, eh?
Cristina: Sì certo! E tu, cosa prendi?
Paolo: Cioccolato e fragola!
Cristina: Sei un tipo dolce, eh?
Paolo: Sì, ma solo con chi voglio!

3
Miriam: Ehi, tu, con quel pedalò mi dai un passaggio?
Matteo: Non so se può trasportare anche un'altra persona!
Miriam: Non fare lo sciocco, non vedi che sono magrolina?
Matteo: Magrolina o no, sei proprio carina!

4
Marina: Ahi, mi hai colpito con il pallone!
Vito: Certo, volevo attaccare bottone!
Marina: Ma guarda un po' che modi!
Vito: Scusami! A proposito, come ti chiami?
Marina: Marina. E tu?
Vito: Io sono Vito.

Un colpo di pallone 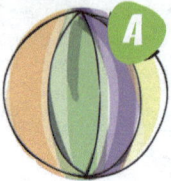 A

Uno zainetto pesante  B

Un dolce gelato  C

Un passaggio in pedalò 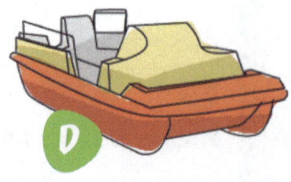 D

4. Scegliete uno dei seguenti titoli e iniziate una conversazione.

Una scatola di sardine

Un cellulare

Al cinema

Le chiavi di casa

Modulo 1 Unità 5

5. *Per ogni situazione proposta cercate il complimento adatto, come nell'esempio.*

Modulo 1 Unità 5

A C

6. Ascolta e indica le illustrazioni relative ai dialoghi. 😊😊 Confrontatevi.

S C

7. 😊😊 Scegliete un'immagine dell'attività 6, scrivete su un foglio una scenetta e interpretatela.

A C

8. Ascolta e cerca di capire dove si svolge il dialogo. 😊😊 Confrontatevi e poi date un titolo.

Modulo 1 Unità 5

A C

9. 😊😊 *Riascoltate il dialogo, poi prendete dado e pedine e giocate.*

🔊 9

1. **PARTENZA**
2. I personaggi si chiamano...
3. La ragazza è nata il...
4. Si rompe il tuo snowboard, resti fermo per un giro.
5. Il ragazzo ha... anni.
6. La ragazza ha... anni.
7. Hai scelto la pista troppo difficile, torna indietro di due caselle.
8. La ragazza abita...
9. Il ragazzo abita...
10. Hai lasciato il tuo berretto nel rifugio; torna alla partenza a prenderlo.
11. I ragazzi si conoscono in...
12. Vai troppo veloce e cadi per terra: fermati per due giri.
13. **ARRIVO**

Modulo 1 Unità 5

L S

10. Leggi una pagina del diario di Mirella.
Poi scrivi anche tu una pagina su un incontro "speciale".

> Oggi ho incontrato un tipo "tipissimo".
> Ha attaccato bottone parlando del mio snowboard.
> Mitico!
> Poi mi ha chiesto come mi chiamo e quanti anni ho... le solite cose.
> Lui ha 14 anni, si chiama Fabio e abita proprio vicino al rifugio.
> Che bello! Posso incontrarlo tutti i giorni qui in montagna e forse anche il prossimo anno.

A C

11. Ascolta e indica le immagini. 😊😊 Confrontatevi e poi date un titolo a ogni situazione.

🔘 10

L C

12. 😊😊 Osservate le immagini dell'attività 11 e interpretate scenette simili a quelle che avete ascoltato.

a Aggettivi dimostrativi
2 *questo* e *quello*
Aggettivo *bello*

S C

13. Scegliete un'immagine e scrivete la traccia per un dialogo in cui fate una nuova conoscenza. Poi interpretate il dialogo.

L

14. Sai che cosa vuol dire? Rileggi le frasi del diario di Mirella dell'attività 10.

> Oggi ho incontrato un tipo "tipissimo".
> **Ha attaccato bottone** parlando del mio snowboard.
> Mitico! Poi mi ha chiesto come mi chiamo e quanti anni ho...
> le solite cose.

"Attaccare bottone" in questo caso vuol dire:

Fissare un appuntamento.   Iniziare un dialogo per conoscere qualcuno.   Cucire un bottone su un vestito.

R

15. Che cosa hai imparato?

Q15

Modulo 1 Unità 5

ITALIA Lo sai che...

La Puglia
È una regione dell'Italia meridionale, bagnata dal Mar Adriatico e dal Mar Ionio. Il suo capoluogo è Bari, ma ospita anche altre città importanti. Ricordiamo tra queste Taranto con il suo porto e Lecce, famosa per i suoi bellissimi palazzi barocchi.
La regione all'interno è povera di acque. Nonostante ciò un grande acquedotto rende possibile la coltivazione di ortaggi.
In questa regione esiste anche un tipo antichissimo di case mediterranee: sono i trulli di Alberobello. Questi trulli hanno forma circolare con un tetto simile a una cupola. All'interno hanno un ambiente unico, diviso in più zone.

I Trulli di Alberobello   *Il porto di Taranto*

La Basilicata
È una regione dell'Italia meridionale. Il suo capoluogo è Potenza. Altra città importante è Matera, famosa per i suoi Sassi, antichissime dimore scavate nella roccia. Dopo anni di abbandono oggi queste abitazioni vengono restaurate e sono considerate un patrimonio culturale della zona.

I Sassi di Matera

Grammatica

1. Passato prossimo

Pronomi personali	urtare	conoscere	colpire
Io	ho urtato	ho conosciuto	ho colpito
Tu	hai urtato	hai conosciuto	hai colpito
Lei/Lui	ha urtato	ha conosciuto	ha colpito
Noi	abbiamo urtato	abbiamo conosciuto	abbiamo colpito
Voi	avete urtato	avete conosciuto	avete colpito
Loro	hanno urtato	hanno conosciuto	hanno colpito

Pronomi personali	arrivare	cadere	uscire
Io	sono arrivata/o	sono caduta/o	sono uscita/o
Tu	sei arrivata/o	sei caduta/o	sei uscita/o
Lei/Lui	è arrivata/o	è caduta/o	è uscita/o
Noi	siamo arrivate/i	siamo cadute/i	siamo uscite/i
Voi	siete arrivate/i	siete cadute/i	siete uscite/i
Loro	sono arrivate/i	sono cadute/i	sono uscite/i

2. Aggettivi dimostrativi *questo* e *quello*
   Aggettivo *bello*

	Maschile singolare	Maschile plurale
il pallone	questo pallone	questi palloni
lo stivale	questo stivale	questi stivali
l'albero	quest'albero	questi alberi

	Femminile singolare	Femminile plurale
la canzone	questa canzone	queste canzoni
l'amica	quest'amica	queste amiche

	Maschile singolare	Maschile plurale
il pallone	quel pallone	quei palloni
lo stivale	quello stivale	quegli stivali
l'albero	quell'albero	quegli alberi

	Femminile singolare	Femminile plurale
la canzone	quella canzone	quelle canzoni
l'amica	quell'amica	quelle amiche

Aggettivo **bello**

	Maschile singolare	Maschile plurale
il pallone	che bel pallone!	che bei palloni!
lo stivale	che bello stivale!	che begli stivali!
l'orologio	che bell'orologio!	che begli orologi!

	Femminile singolare	Femminile plurale
la canzone	che bella canzone!	che belle canzoni!
l'amica	che bell'amica!	che belle amiche!

Attenzione!

Gli aggettivi *quello* e *bello* seguono le regole degli articoli determinativi.

Modulo 2 Unità 1

Il buon giorno si vede dal mattino

IMPARO A DIRE COSA SUCCEDE AL MATTINO.

1. 😊😊 *Giulio va al lavoro tutte le mattine: dite a turno quello che fa. Partite dalla lettera P e seguite la freccia. Aiutatevi con le azioni illustrate.*

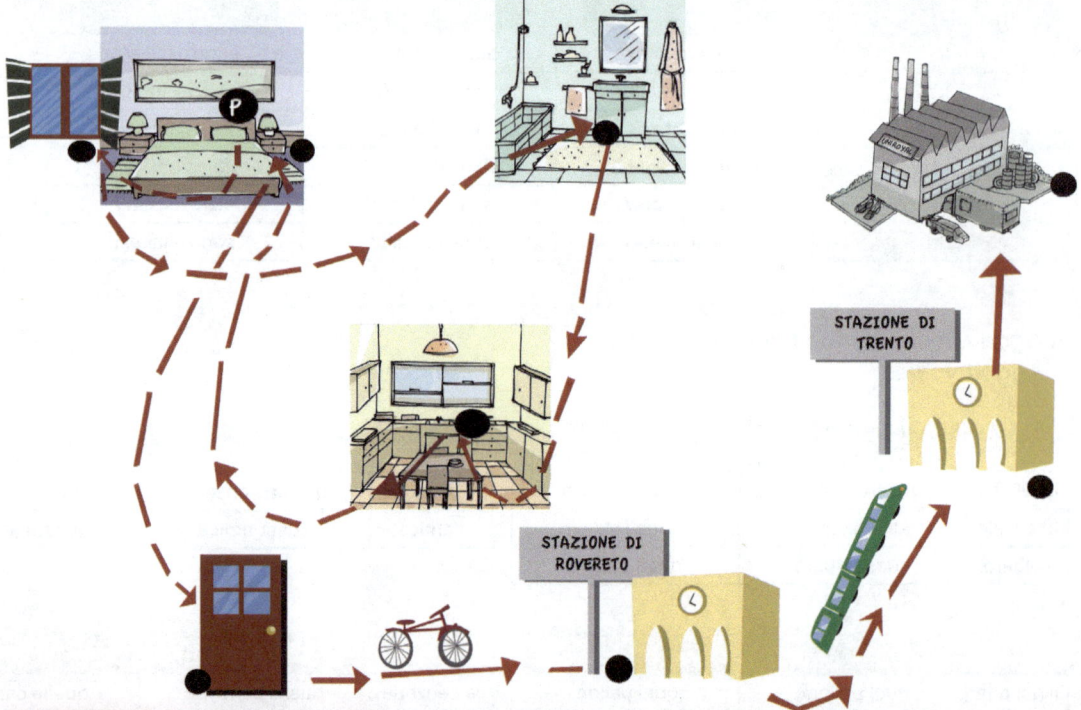

Espressioni per... raccontare

SVEGLIARSI ALLE 6:20 — ALZARSI — STIRACCHIARSI — GUARDARE FUORI DALLA FINESTRA — ANDARE IN BAGNO — FARE COLAZIONE

VESTIRSI — USCIRE DI CASA — ANDARE IN BICICLETTA — ANDARE IN TRENO — ANDARE A PIEDI

Modulo 2 Unità 1

A C

2. *Siete sicuri di avere indicato nell'attività 1 tutte le azioni di Giulio? Ascoltate l'intervista e verificate.*

L C

3. Metti le frasi nell'ordine giusto e scopri la parola nascosta. Confrontatevi.

- **l** Verso le 7 e un quarto esco di casa e vado alla stazione in bicicletta.
- **a** Alle 7.35 prendo il treno per Trento.
- **p** Mi sveglio alle 6.20, mi alzo, mi stiracchio un po' per svegliarmi.
- **e** Vado alla finestra e guardo che tempo fa.
- **d** Vado in cucina e mi preparo qualcosa per colazione. Di solito non mangio molto, però un caffè, quello sì, me lo bevo sempre con calma.
- **n** Vado in bagno. Lì mi lavo con l'acqua fresca e mi asciugo.
- **e** Dalla stazione vado a piedi alla Uniroyal.
- **r** Arrivo a Trento alle 7.50.
- **o** Poi mi vesto.

L C

4. Scopri il significato della "parola nascosta" dell'attività 3. Confrontatevi.

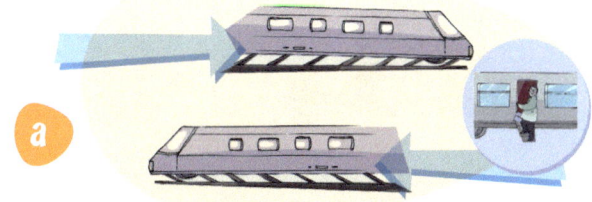

a Persona che prende un mezzo di trasporto per andare al lavoro ogni giorno.

b Vendere un orologio a pendolo.

c Camminare dondolando come un pendolo.

Presente dei verbi riflessivi

Modulo 2 Unità 1

5. Leggi cosa ha scritto Marta sul questionario di "Scuolavisione" e scrivi su un foglio quali azioni fa ogni mattina. Confrontatevi.

> **Questionario**
>
> **Come si chiama?**
>
> Mi chiamo Marta Adami.
>
> **Dove lavora e quale lavoro fa?**
>
> Lavoro in centro, da un avvocato. Faccio la segretaria. Scrivo al computer, rispondo al telefono, sistemo le pratiche.
>
> **Quali sono le azioni che lei fa al mattino?**
>
> Di solito mi sveglio verso le 7.00.
> Resto un po' a letto, penso a quello che devo fare e mi sveglio poco a poco. La prima cosa che faccio è andare in cucina a prepararmi un caffè.
> Lo bevo e poi vado in bagno, mi lavo e mi asciugo. Quindi mi vesto, mi preparo qualcosa da mangiare (di solito un panino con burro e marmellata), ritorno in bagno, mi trucco, mi pettino e poi, verso le 8, mi infilo le scarpe ed esco di casa. Qualche volta, se sono in ritardo, faccio colazione al bar sotto l'ufficio.

6. Rileggi il questionario dell'attività 5 e trova Marta nelle illustrazioni. Confrontatevi.

Modulo 2 Unità 1

7. Che giornalista disordinato! Ha scritto un'intervista su dei bigliettini.
Metti le frasi nell'ordine giusto e scopri il nome dell'intervistata. Poi trascrivi l'articolo su un foglio.

D
Mentre mio marito va in bagno e i miei figli si alzano, io mi faccio un caffè e poi preparo la colazione per tutti.

A
Mi vesto e mi preparo per uscire. Usciamo insieme ai ragazzi alle 7 e tre quarti.

R
Abbiamo un bagno solo e così ci tocca fare i turni. Intanto mangio qualcosa da sola. Poi vengono tutti a fare colazione e così io ho il bagno libero.

N
Io poi sveglio i figli. Uno si alza subito. L'altro invece è un vero dormiglione.

A
Di solito mio marito e io ci svegliamo, o meglio, ci sveglia il suono della sveglia verso le 7 meno un quarto. Ci alziamo subito.

S
Io e mio marito Stefano lavoriamo in un ristorante. Lui si occupa della cucina, io invece sono alla cassa. Mio marito fa da mangiare, io apparecchio i tavoli, preparo i conti, le ricevute fiscali e incasso i soldi.

8. Confrontate le frasi con l'articolo dell'attività 7 e correggete oralmente quelle sbagliate.

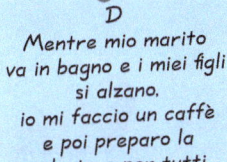

- I loro figli sono tutti dei dormiglioni.
- Sandra e suo marito lavorano in una pizzeria.
- Stefano fa il cassiere e sua moglie fa le pizze.
- Mentre Sandra va in bagno, Stefano si fa un caffè.
- Sandra apparecchia i tavoli.
- Per fortuna in casa hanno due bagni.
- Di solito loro si svegliano verso le 7 e mezzo.
- In famiglia fanno colazione tutti insieme.
- Stefano e Sandra restano un po' a letto.
- Escono di casa tutti a orari diversi.
- Di solito è Sandra a svegliare i loro tre figli.

Modulo 2 Unità 1

9. *Alberto è uno dei figli di Sandra e Stefano. Leggi cosa fa la mattina presto e abbina i testi alle illustrazioni.*

 1 Mi chiamo Alberto, ho 11 anni e frequento la prima media alla "Pascoli", nella sezione C. La lezione comincia alle 8.00 in punto, ma quando arrivo a scuola, qualche volta sono già stanco, se penso a quello che ho già fatto! Adesso ve lo racconto.

 2 Di solito mi sveglio alle sette, sette e dieci. Non mi sveglio da solo, ma mi sveglia la mamma. Lei tira su le tapparelle e, se fa abbastanza caldo, apre anche le finestre. Io, al contrario di mio fratello, mi alzo quasi subito. A volte rimango a letto ancora due minuti.

 3 Poi mi alzo, vado in bagno - se è libero -, mi tolgo il pigiama, mi lavo, mi asciugo e mi vesto.

 **A**

 **B**

 **C**

 **D**

 **E**

4 Vado in cucina e faccio colazione. Di solito mangio un panino con la marmellata e bevo una cioccolata calda. A volte faccio colazione da solo, a volte c'è mio papà. Una cosa è sicura: non faccio colazione con mio fratello, lui si alza sempre dopo di me e non mangia niente.

 5 Poi controllo lo zainetto, torno in bagno, mi lavo i denti, mi infilo la giacca, mi metto le scarpe e aspetto mio fratello. Qualche volta accendo anche la TV, ma dipende dall'aria che tira in casa, perché i miei non vogliono.

10. *Rileggi il testo dell'attività 9 e scrivi su un foglio almeno cinque azioni che fai anche tu al mattino.*

Modulo 2 Unità 1

11. Intervistatevi a turno sulle azioni del mattino, come nell'esempio.

A CHE ORA TI SVEGLI DI SOLITO? TI SVEGLI DA SOLO O TI CHIAMA QUALCUNO? TI ALZI SUBITO O RIMANI UN PO' A LETTO?

TI PREPARI DA SOLO LA COLAZIONE? CHE COSA PRENDI? A CHE ORA ESCI DI CASA?

12. Pensate a cosa fanno i seguenti "personaggi" alle sette del mattino, ora italiana, e spiegate perché. Potete servirvi di un'enciclopedia e di un atlante.

Un canguro in Australia.

Un manager a New York.

Un pescatore di sardine nel Mediterraneo.

13. Sai che cosa vuol dire? Leggi le battute del dialogo dell'attività 2.

Rossetti: No, di solito la mattina non mangio molto. Però un caffè, quello sì, me lo bevo sempre con calma. Poi mi vesto e cerco di partire tranquillo. **Il buon giorno si vede dal mattino**, sa?

"Il buon giorno si vede dal mattino" in questo caso vuol dire:

Se il sole splende al mattino, sarà una bella giornata.

BUONGIORNO!
Se qualcuno ti dice per primo "Buongiorno!", avrai molta fortuna durante la giornata.

OGGI MI SONO ALZATO FELICE. ANDRÀ TUTTO BENE!
Se si parte bene al mattino, le cose andranno bene per tutta la giornata.

14. Che cosa hai imparato?

IO SO...

Modulo 2 Unità 1

ITALIA Lo sai che...

La Sardegna
È una grande isola. Il suo capoluogo è Cagliari. La Sardegna è famosa per le sue splendide spiagge e per il suo mare molto pulito. Una leggenda racconta che a Dio, finito di creare il mondo, sono rimaste delle pietre. Dio le ha gettate in mare ed è nata così la Sardegna.
In Sardegna si trovano i nuraghi: sono costruzioni che formavano una vera e propria città-fortezza. Al centro c'era una torre, dove abitava il re-pastore, e attorno c'erano le abitazioni dei suoi sudditi.
I nuraghi risalgono al 1500 a.C.

I nuraghi

La Sicilia
È una grande isola. Il suo capoluogo è Palermo, città ricca di monumenti, come del resto tutta l'isola. Ci sono monumenti che ricordano la presenza di tanti popoli (Normanni, Greci, Arabi...). Bellissima è la Valle dei Templi, costruiti dai Greci.
In Sicilia, vicino alla città di Catania, c'è l'Etna, un vulcano molto grande e ancora attivo. Le sue eruzioni di lava sono spettacolari: dal monte scendono fiumi di materiale infuocato.

La Valle dei Templi

Grammatica

1. Presente dei verbi riflessivi

Pronomi personali	alz-arsi	mett-ersi	vest-irsi
Io	mi alzo	mi metto	mi vesto
Tu	ti alzi	ti metti	ti vesti
Lei/Lui	si alza	si mette	si veste
Noi	ci alziamo	ci mettiamo	ci vestiamo
Voi	vi alzate	vi mettete	vi vestite
Loro	si alzano	si mettono	si vestono

Pronomi personali	svegli-arsi	lav-arsi	pettin-arsi
Io	mi sveglio	mi lavo	mi pettino
Tu	ti svegli	ti lavi	ti pettini
Lei/Lui	si sveglia	si lava	si pettina
Noi	ci svegliamo	ci laviamo	ci pettiniamo
Voi	vi svegliate	vi lavate	vi pettinate
Loro	si svegliano	si lavano	si pettinano

Pronomi personali	prepar-arsi	asciug-arsi	trucc-arsi
Io	mi preparo	mi asciugo	mi trucco
Tu	ti prepari	ti asciughi	ti trucchi
Lei/Lui	si prepara	si asciuga	si trucca
Noi	ci prepariamo	ci asciughiamo	ci trucchiamo
Voi	vi preparate	vi asciugate	vi truccate
Loro	si preparano	si asciugano	si truccano

Modulo 2 Unità 2

Avere sempre una scusa pronta

IMPARO A TROVARE DELLE SCUSE.

L C

1. Dite cosa succede in queste tre situazioni.

A C

2. Ascoltate: avete indovinato?

A C

3. Riascolta i dialoghi e indica i fumetti che riguardano i personaggi. Confrontatevi.

NON HO COMPITI DA FARE, DOMANI È VACANZA.

NON POSSO, DEVO FARE ANCORA I COMPITI.

TI AIUTO DOPO, ADESSO DEVO DARE DA MANGIARE AL CANE.

HO PROMESSO A CLAUDIA CHE L'AVREI AIUTATA CON QUEL TERREMOTO DEL SUO FRATELLINO.

DEVO FINIRE QUESTO CAPITOLO.

DEVO AIUTARE ALESSANDRA A FARE I COMPITI.

ASCOLTO LA RADIO ANCORA 10 MINUTI.

DEVO CONTROLLARE LA CARTELLA E CERCARE IL QUADERNO.

Modulo 2 Unità 2

C

4. *Prendete un dado e due pedine e fate il gioco dell'oca. Leggete l'informazione nella casella: se è corretta, potete restare, se è sbagliata dovete tornare alla partenza.*

PARTENZA (1)

2. Luca chiede alla mamma se lo può aiutare.

3. Luca potrebbe togliere piatti, bicchieri e posate dalla tavola.

4. Luca deve accendere la lavastoviglie.

5. Luca deve cercare il diario.

6. Luca promette alla mamma che il giorno dopo fa tutto lui.

7. Ieri Federica è tornata a casa stanca.

8. Federica ha guardato la TV tutto il pomeriggio.

9. Oggi Federica non ha compiti da fare.

10. Oggi Federica deve aiutare Claudia con quel terremoto del suo fratellino.

11. Franco e Giovanni sono stanchi e hanno sonno.

12. Franco vorrebbe ascoltare la radio ancora per dieci minuti.

13. Giovanni deve finire il capitolo di un libro per la scuola.

ARRIVO (14)

Modulo 2 Unità 2

L C

5. *A turno, per ogni situazione, inventate delle scuse. Potete utilizzare le espressioni della lista, come nell'esempio.*

> NON POSSO PERCHÉ HO LA FEBBRE.

Situazioni

lavare la macchina dei genitori
andare a fare un giro con il cane
lavare i piatti
fare i compiti subito dopo pranzo
andare a fare la spesa
passare l'aspirapolvere
badare al fratellino

Espressioni per… introdurre delle scuse

✓ Non posso perché…
Purtroppo non posso perché…
Lo farei volentieri, ma…
Non chiedermelo perché…
Ma cosa dici? Io…
Mi dispiace, ma…
Sempre io? Ma…

Scuse

✓ ho la febbre.
devo correre in negozio.
ho mal di testa.
devo mettere in ordine la stanza.
devo andare ad aiutare Lisa.
sto facendo i compiti.
può farlo mia sorella.

C

6. *Osservate le illustrazioni, inventate una scenetta e fate gli attori.*

> DOBBIAMO ANDARE IN AUTOBUS…
>
> !

> LORENZO, AIUTAMI A LAVARE…
>
> !

MECCANICO

> !
>
> HO ROTTO LA BICICLETTA. LA PUÒ AGGIUSTARE?

Modulo 2 Unità 2

s c

7. Per ogni situazione scrivete i dialoghi e interpretateli.

Sono le 19.15. Franco è sdraiato sul divano. Sta guardando la TV. Torna il papà dal lavoro, saluta e si accorge di aver dimenticato in macchina la sua agenda. Mentre lui va in bagno a fare la doccia, chiede al figlio di scendere a prendere l'agenda. Franco risponde che andrà subito. In realtà non si muove dal divano perché è troppo interessato al programma televisivo. Quando il papà esce dal bagno si arrabbia e gli chiede perché non è andato. Franco dice che doveva finire il compito di matematica.

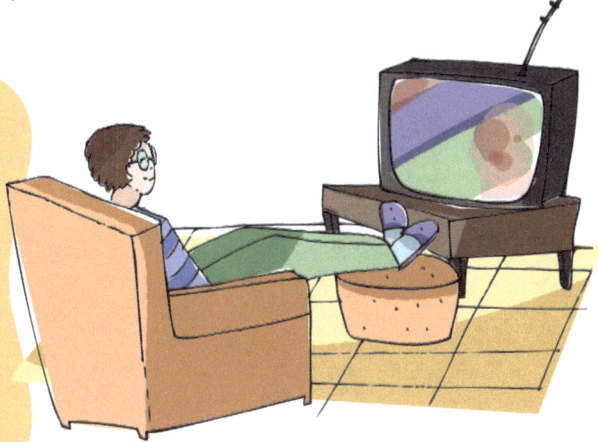

È domenica. Luigi e Maria sono in casa. È inverno e fa freddo. Come tutti i giorni uno dei due ha il compito di portare a spasso il cane. Luigi chiede a sua sorella se lo può portare fuori lei, perché durante la settimana l'ha sempre fatto lui. Maria non ne ha molta voglia. Luigi però non cede. Insiste che lui ha da fare: si prepara per la verifica in storia e deve mettere a posto la scrivania. Maria trova una scusa per non uscire. Dopo una breve discussione il cane viene portato a passeggio.

l s

8. Riscrivi il testo in ordine su un foglio. Leggi le lettere e scopri la parola nascosta.

s "Oh no, – dico aprendo gli occhi – non è bello essere svegliati in questo modo, soprattutto quando si sogna di fare una bella nuotata in piscina. Perché mio fratello è così fanatico della montagna?" penso e mi giro dall'altra parte.

i "Ehi, dormiglione, prepara lo zaino! Oggi andiamo in montagna" mi urla nelle orecchie mio fratello.

n "Mi dispiace, ho un terribile mal di pancia!" dico.

i Mi vedo già tutto sudato con uno zaino sulle spalle. In quel momento mi viene un'idea geniale.

c "Ehi, dico a te!" insiste mio fratello.

p È domenica mattina e dormo tranquillo nel mio letto.

a "Tutti i mali passano all'aria fresca!" esclama mio fratello. In quel momento capisco che devo assolutamente trovare un'altra scusa.

l c

9. Rileggi il testo dell'attività 8. Trovate quante e quali scuse ci sono. Pensate ad altre scuse possibili.

Modulo 2 Unità 2

10. Scrivi la risposta ai due biglietti con una scusa.

11. Seguite il percorso e alternatevi nei compiti.

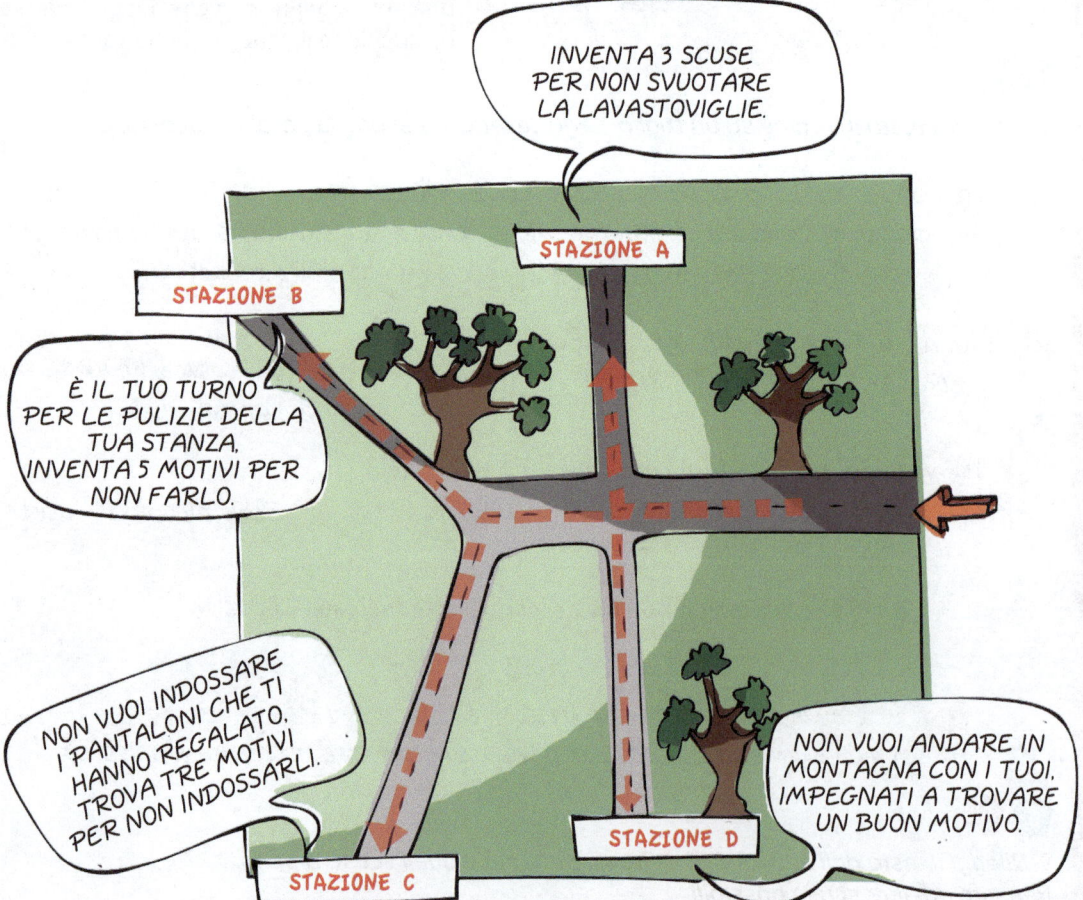

Modulo 2 Unità 2

S P

12. Scrivi cinque bigliettini con cinque scuse. Mettete insieme i bigliettini, a turno pescatene uno e immaginate la situazione, come nell'esempio.

L S

13. Leggi i bigliettini e scrivi su un foglio le scuse, come nell'esempio.

Q2
Q5

S

14. Scrivi su un foglio un elenco di lavori di casa che fai abitualmente, che fai solo qualche volta o che non fai mai. Confrontatevi.

a Doppia negazione
1

Modulo 2 Unità 2

15. *Inventate delle situazioni e delle scuse, come nell'esempio.*

16. Sai che cosa vuol dire? Leggi le battute del dialogo dell'attività 2.

> Giovanni: "Io vorrei leggere, devo finire questo capitolo, se no la professoressa di italiano, domani...".
> Papà: "**Hai sempre una scusa pronta**, Giovanni! A quest'ora, non si fanno i compiti!"
> Giovanni: "Dai papà... che sei andato a scuola anche tu, no?".

"Avere sempre una scusa pronta" in questo caso vuol dire:

Scusarsi in continuazione.　　Saper scrivere le scuse.　　Trovare subito una scusa per non fare qualcosa.

17. Che cosa hai imparato?

Modulo 2 Unità 2

ITALIA Lo sai che...

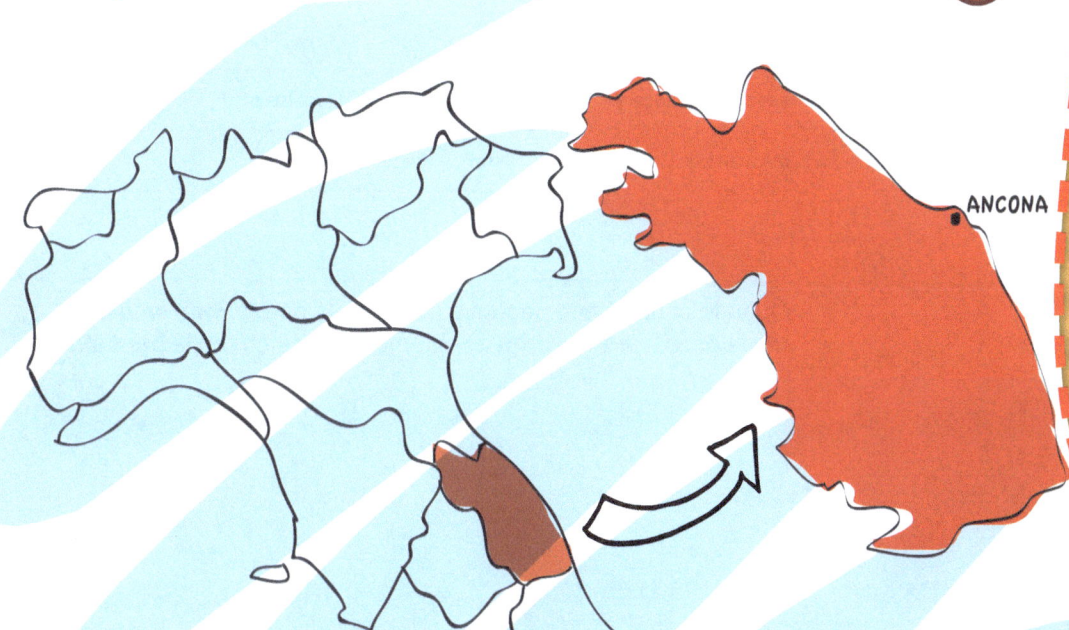

Le Marche
Sono una regione che si estende dagli Appennini al Mare Adriatico. Il capoluogo è Ancona, una città sul mare, ai piedi del Monte Conero. Goethe, il famoso poeta tedesco, nel suo Viaggio in Italia, ha scritto che da una piazza di Ancona si vede "il più bel tramonto del mondo".
Altra città nota delle Marche è Urbino, costruita su due colli. È stata trasformata in città modello nel XVI secolo dal duca Federico da Montefeltro che dal suo Palazzo Ducale voleva vedere le sue terre tra le dolci colline. Il Duca era un famoso condottiero e aveva perso un occhio in battaglia.

Ritratto di Federico II da Montefeltro

Il porto di Ancona

Modulo 2 Unità 2

Grammatica

1. Doppia negazione

mai	niente	nessuno
Non c'è **mai** nessuno per giocare.	**Non** trovo **niente** da mettere.	In casa **non** c'è **nessuno**.
Non faccio **mai** volentieri questo lavoro.	**Non** c'è **niente** da mangiare.	**Non** ho visto **nessuno** in classe.

Attenzione!

Quando in una frase negativa troviamo le parole *mai, niente, nessuno,* davanti al verbo dobbiamo mettere anche la parola *non.*

Modulo 2 Unità 3

Qui ci vuole una regola

> IMPARO A COMPRENDERE E A SCRIVERE REGOLE E RICETTE.

1. Abbina i testi dei biglietti ai luoghi a cui si riferiscono. Poi trascrivi in ordine le lettere su un foglio e scopri la parola nascosta.

N È obbligatorio indossare la cuffia prima di entrare in acqua.

E Aggiungete una mora e sei cucchiai di polvere magica.

E Per giocare, prendi sedici pezzettini di carta.

B Versare in una terrina 500 g di farina, una bustina di lievito, una presa di sale, un cucchiaino di zucchero.

1 LA CUCINA

2 LA SALA GIOCHI

3 LA PISCINA

4 LA STANZA DI UN MAGO

2. Gianni ascolta un regolamento all'altoparlante. Indovina dove si trova. Confrontatevi.

Modulo 2 Unità 3

3. *Leggi il regolamento.*  *Quali regole ha ascoltato Gianni nell'attività 2?*

Regolamento per il pubblico in piscina

- È assolutamente vietato fumare all'interno dell'impianto.
- È vietato mangiare sul piano vasca, negli spogliatoi e sulle tribune.
- Si può accedere agli spogliatoi solo se muniti di copriscarpe in vendita presso la cassa.
- È obbligatorio indossare la cuffia e fare la doccia prima di entrare in acqua.
- È assolutamente vietato entrare in acqua indossando pinne e maschera, orologi, braccialetti e anelli.
- Non si risponde per oggetti di valore lasciati incustoditi all'interno degli spogliatoi.

4. *Chi nel disegno non rispetta il regolamento dell'attività 3? Perché?*  *Confrontatevi.*

Modulo 2 Unità 3

Q6 **Q13**

a1 Presente dei verbi *dovere*, *potere* e *volere*

a2 Imperativo informale (affermativo e negativo)

5. Leggi il testo. Poi aiuta Paola a scrivere un regolamento per i suoi ospiti disordinati. Utilizza le espressioni "è obbligatorio" ed "è vietato", come nell'esempio.

Paola ama il silenzio e l'ordine. Un'amica e un amico vanno a fare i compiti da lei. Alla fine del pomeriggio la sua stanza è in disordine. Paola è arrabbiata e dice: "Qui ci vuole una regola!". Allora pensa a quello che vuole dire ai suoi amici e poi scrive le regole.

È OBBLIGATORIO TENERE LA STANZA IN ORDINE! È VIETATO BUTTARE I LIBRI PER TERRA!

6. Leggi le istruzioni. Poi abbinale alle illustrazioni. Confrontatevi.

 A IMPASTARE

 B L'OLIO

 C LA CARTA DA FORNO

 D GLI INGREDIENTI

 F INFORNARE

 G VERSARE L'ACQUA

 H LA MOZZARELLA

 I IL BASILICO

 L STENDERE L'IMPASTO

 M I POMODORI

 N PREPARARE IL FORNO

 O MESCOLARE

COME FARE LA PIZZA...

1. Versare in una terrina gli ingredienti: 500 g di farina, lievito, una presa di sale e un cucchiaino di zucchero.

2. Mescolare con un po' di olio.

3. Aggiungere acqua quanto basta.

4. Impastare lentamente fino ad ottenere un impasto compatto.

5. Lasciare riposare l'impasto per almeno due ore per farlo lievitare.

6. Preparare il forno a 180 gradi.

7. Mettere la carta da forno in una teglia.

8. Stendere l'impasto.

9. Mettere sull'impasto i pomodori pelati.

10. Aggiungere due mozzarelle tagliate a cubetti.

11. Distribuire sul tutto alcune foglie di basilico.

12. Infornare per 30 minuti a 180 gradi.

13. A cottura ultimata condire con un filo d'olio.

Modulo 2 Unità 3

7. Elencate a turno alcuni tipi di pizza che conoscete e i loro ingredienti.

S

8. Che voglia di spaghetti al pomodoro! Scrivi la ricetta su un foglio, usando i verbi all'infinito. Puoi utilizzare le parole della lista.

Parole per... scrivere una ricetta

far bollire	la cipolla	scolare	il sale
versare	aggiungere	condire con	cuocere
soffriggere	mescolare	l'acqua	il sugo

S C

9. Scegliete due giochi dell'immagine e scrivete le istruzioni su un foglio, come nell'esempio. Confrontatevi.

Pieter Bruegel, *Giochi di bambini*, 1560.

Istruzioni
- Prendete delle corde.
- Fate dei gruppi da tre.
- Mettetevi nella posizione raffigurata nell'immagine.
- Tirate la corda.
- Vince chi prende la corda senza cadere.

Modulo 2 Unità 3

10. *Giocate come nel fumetto. Scambiatevi i ruoli.*

11. *Leggete le indicazioni, scegliete i ruoli (A o B) e recitate le scenette, come nell'esempio.*

A: CHE FORTE L'ALTRA SERA. MI SONO DIVERTITO UN MONDO!

B: NON PARLARE SEMPRE AD ALTA VOCE. CERCA DI ABBASSARE IL TONO!

A

Sei un ragazzo allegro e chiassoso che non ama le regole e non sta mai fermo.

Sei una ragazza che copia sempre i compiti.

Sei un ragazzo maleducato che deride sempre tutti.

Sei una ragazza che non ama cucinare, ma che deve preparare una cena per gli amici.

B

Sei una ragazza calma e tranquilla. Ti disturba il rumore e il chiasso. Chiedi di abbassare la voce e di stare un po' tranquillo.

Sei un tipo generoso, ma ti sei stancato di lavorare anche per chi non ha mai voglia. Dai delle regole per responsabilizzarsi.

Sei una ragazza educata e dai delle regole di comportamento per non offendere i compagni.

Sei un ragazzo che sa preparare delle buone pizze e dei buoni primi. Dai dei consigli su che cosa preparare.

Modulo 2 Unità 3

12. Indica quali tempi e modi verbali sono stati usati nelle attività 3, 6, 9, 10 per dare istruzioni. Confrontatevi.

> presente   imperativo
> futuro   infinito
> imperfetto   passato prossimo

13. Per ogni persona della lista scrivi un consiglio su un bigliettino.

> Un'amica chiacchierona.
> Un ragazzo che interrompe in continuazione quelli che parlano.
> Una ragazza che sa cucinare delle buonissime torte.
> Un ragazzo che vuole imparare a suonare uno strumento.

14. Sai che cosa vuol dire? Rileggi il testo dell'attività 5.

> ... Alla fine del pomeriggio la sua stanza è in disordine.
> Paola è arrabbiata e dice: "Qui ci vuole una regola!".

"Qui ci vuole una regola" in questo caso vuol dire:

Qui le regole non vengono rispettate.

Qui bisogna fissare delle regole da far rispettare.

Qui le regole vengono rispettate.

15. Che cosa hai imparato?

Q14

Modulo 2 Unità 3

ITALIA Lo sai che...

Il Lazio
È la regione con la capitale d'Italia: Roma. Questa città è stata la capitale di un grande Impero. È ricca di monumenti antichi: il Campidoglio, il Colosseo, il Foro Romano. Nel Campidoglio si riunivano i senatori della Roma antica, il Foro Romano era il centro dell'antica città con tanti templi, il Colosseo era un edificio per gli spettacoli. A Roma ha sede la città del Vaticano, dove risiede il Papa. Famosa è la Basilica di San Pietro.

La Basilica di San Pietro

Il Colosseo

Modulo 2 Unità 3

Grammatic@

1. Presente dei verbi *dovere*, *potere* e *volere*

Presente dei verbi **dovere**, **potere** e **volere**

	dovere	potere	volere
Io	devo	posso	voglio
Tu	devi	puoi	vuoi
Lei/Lui	deve	può	vuole
Noi	dobbiamo	possiamo	vogliamo
Voi	dovete	potete	volete
Loro	devono	possono	vogliono

2. Imperativo informale affermativo e negativo

Imperativo informale affermativo

	buttare	prendere	partire
Tu	butt**a**	prend**i**	part**i**
Voi	butt**ate**	prend**ete**	part**ite**

Imperativo informale negativo

	buttare	prendere	partire
Tu	**non** buttare	**non** prendere	**non** partire
Voi	**non** buttate	**non** prendete	**non** partite

Modulo 2 Unità 4

Ogni cosa al suo posto

IMPARO A PARLARE DEGLI AMBIENTI DELLA CASA.

A C

1. Ascolta e indovina chi vive nelle tre camere. Confrontatevi.

A

B

C

A C

2. Riascolta il testo dell'attività 1 ed elenca le parole che ti hanno permesso di indovinare di chi sono le tre camere. Confrontatevi.

IL PANINO IMBOTTITO

IL COMPUTER

LE TENDE

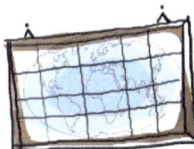
IL PLANISFERO

I FUMETTI

LO SPORT

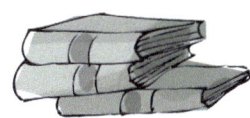
I LIBRI

LA CIOCCOLATA

Modulo 2 Unità 4

3. Marisa descrive la sua camera. Leggi il testo, poi chiudi il libro e scrivi su un foglio tutti gli oggetti che ricordi.

La mia camera è quadrata. Ho un letto in alluminio che posso spostare facilmente perché ha quattro ruote. Sul letto ho un copriletto a strisce colorate, molto vivaci. Alla parete sopra la testiera sono appese delle mensole di colore azzurro chiaro con alcuni libri. Vicino al letto ho un comodino e una scrivania con una cassettiera bianca. Sopra il piano-scrivania al centro c'è il mio computer. Sul comodino ho una lampada. La mia sedia è blu ed è veramente comoda: è imbottita, girevole, regolabile e ha le rotelle. Lungo la parete, entrando a destra, è sistemato un armadio a tre ante di colore azzurro chiaro. In mezzo alla camera c'è un grande tappeto di lana, a fiori variopinti. Di fronte all'armadio c'è una grande finestra che fa entrare molta luce. Sotto la finestra si trova il termosifone.

4. A turno uno di voi dice dov'è un oggetto e l'altro indovina la camera, come nell'esempio. Potete utilizzare le parole della lista.

LO ZAINETTO È VICINO ALLA PORTA.

È LA STANZA NUMERO 2.

 LA LAMPADA    IL LETTO

 L'ARMADIO    IL LIBRO    IL COMODINO

 LA SCRIVANIA    LO ZAINETTO    IL TAPPETO    IL COMPUTER    LE SCARPE

Parole per… dire dove si trova qualcosa

su	al centro di	vicino a	a destra di
sopra	in mezzo a	di fronte a	in fondo a
sotto	di fianco a	a sinistra di	accanto a

Modulo 2 Unità 4

5. *A turno fate delle domande sulla vostra camera e rispondete, come nell'esempio.*

6. *A turno uno studente descrive una stanza della lista e l'altro indovina qual è.*

Modulo 2 Unità 4

7. Descrivi su un foglio la tua camera. Conserva la descrizione: ti servirà per l'attività 10.

- A SINISTRA, SULLA PARETE SINISTRA, A LATO
- IN ALTO, SOPRA, SUL SOFFITTO
- A DESTRA, SULLA PARETE DESTRA, A LATO
- DI FRONTE ALLA PORTA
- IN BASSO, SOTTO, SUL PAVIMENTO

8. Che caos! Indicate a turno dove deve andare ogni cosa.

9. Leggi. Rispondete alle domande.

A

Mi chiamo Pietro. La mia stanza ha due letti: uno per me e uno per mio fratello. Il mio letto è di fronte alla porta, appoggiato alla parete che fa angolo. Ai piedi del letto c'è una scrivania con sopra delle mensole piene di libri. Il mio letto non ha la testiera e sulla parete sono attaccati dei ritagli di giornale. La lampada è sopra il letto perché non ho un comodino. Il pavimento è in legno.

Quale dei due testi descrive la camera e anche il carattere della persona che vi abita?

Quali aspetti del carattere vengono descritti?

B

Mi chiamo Pietro. Sono un ragazzo di 12 anni. Dormo in camera con mio fratello maggiore che è rumoroso e disordinato. Io amo la tranquillità e l'ordine. Il mio letto è di fronte alla porta, appoggiato alla parete. Ogni tanto chiudo la porta per restare solo e per leggere i miei libri preferiti. Ai piedi del letto c'è una scrivania con sopra delle mensole piene di libri. Sfoglio spesso l'atlante perché mi fa sognare dei viaggi avventurosi. Sulla parete vicino al mio letto sono attaccati articoli di giornale che parlano di terre lontane. Non ho un comodino, ma non mi manca, perché metto sempre le mie cose al loro posto e non lascio in giro niente. Il pavimento è in legno così cammino senza scarpe e mi sento libero.

Modulo 2 Unità 4

S

10. Riprendi la descrizione della tua camera fatta nell'attività 7 e aggiungi almeno tre aspetti che descrivono il tuo carattere.

11. Leggi il testo. 🔴🔴 A turno immaginate di essere Miriam che descrive alla sua amica come sarà la sua camera. Domandate e rispondete, come nell'esempio. Aiutatevi con i verbi sottolineati.

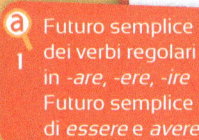

a1 Futuro semplice dei verbi regolari in *-are, -ere, -ire*
Futuro semplice di *essere* e *avere*

AVRÒ UN LETTO GRANDE E COMODO.

DOVE LO METTERAI?

LO METTERÒ DIETRO ALLA POLTRONA APPOGGIATO ALLA PARETE DI SINISTRA.

Sono Miriam. Che bello, i miei genitori mi <u>metteranno</u> a disposizione una camera tutta per me! Ecco come l'<u>arrederò</u>: mi <u>concederò</u> il lusso di un letto grande e comodo, che <u>diventerà</u> anche divano per accogliere tante amiche. Terrò la scrivania e la <u>sistemerò</u> accanto alla finestra, in una posizione laterale. Terrò sicuramente anche la mia sedia bianca a dondolo. La mamma mi <u>regalerà</u> il suo bellissimo tappeto verde e mia nonna la sua poltrona a foglie e fiori. <u>Troveranno</u> posto di qua e di là anche i miei pupazzi, a cui sono molto affezionata. Sopra la testiera del letto appenderò alcuni miei disegni. <u>Sistemerò</u> le mensole per i libri a sinistra del letto, sopra il comodino. La lampada sarà a stelo e di colore bianco. <u>Avrò</u> una stanza sicuramente accogliente e calda, che <u>pulirò</u> con cura regolarmente e dove <u>metterò</u> ogni cosa al suo posto.

P

12. Laura decide di rinnovare la sua camera. 🔴🔴 Descrivete i cambiamenti, come nell'esempio. Potete utilizzare i verbi della lista.

a2 Futuro semplice di alcuni verbi irregolari

APPENDERÒ SOSTITUIRÒ LASCERÒ ELIMINERÒ CHIUDERÒ CAMBIERÒ FARÒ TERRÒ

PRIMA   DOPO

SOSTITUIRÒ L'ARMADIO A TRE ANTE CON UNO A QUATTRO ANTE.

settantasette 77

Modulo 2 Unità 4

13. La tua stanza è in disordine. I tuoi ti lasceranno uscire solo se metterai "ogni cosa al suo posto". Scrivi almeno dieci azioni che farai, come nell'esempio.

TOGLIERÒ I LIBRI DAL LETTO E LI METTERÒ SULLO SCAFFALE.

14. Sai che cosa vuol dire? Leggi quello che dice Simone nell'attività 1.

> ... Mio fratello è un gran disordinato e faccio fatica a spiegargli che deve tenere **ogni cosa al suo posto**.

"Ogni cosa al suo posto" in questo caso vuol dire:

Deve rimettere a posto i fogli.

Per ogni cosa c'è un posto.

Se vuole essere ordinato deve fare l'elenco delle cose che possiede.

15. Che cosa hai imparato?

Q21

IO SO...

Modulo 2 Unità 4

ITALIA lo sai che...

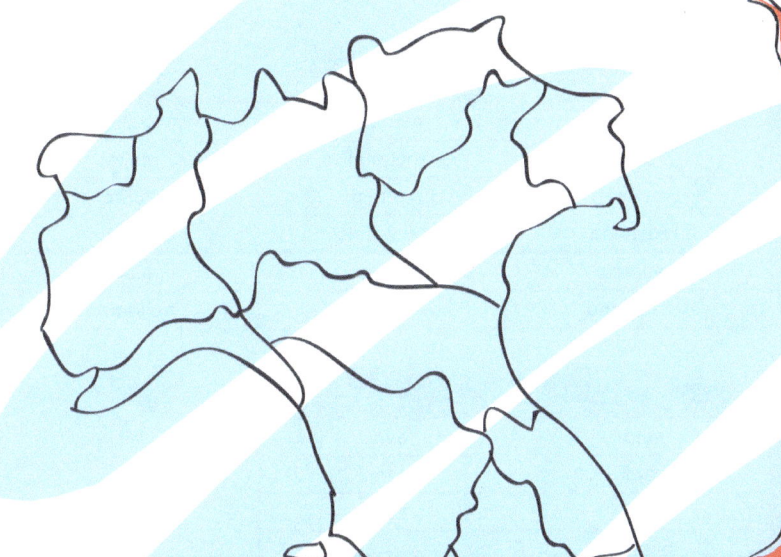

La Calabria
Comprende la parte più a sud della penisola italiana tra i mari Tirreno e Ionio. Il capoluogo è Catanzaro. La regione è in prevalenza montuosa. I monti hanno una caratteristica particolare: in alto sono pianeggianti con fianchi addolciti, in basso le valli sono strette e in fondo a esse scorrono dei torrenti chiamati "fiumare". Questi corsi d'acqua sono asciutti per la maggior parte dell'anno, con un letto largo. Dopo piogge violente sono in piena e con la forza delle loro acque trascinano con sé di tutto: tronchi d'albero, sassi, ghiaia.

Costa calabra con monti pianeggianti

Le fiumare

Modulo 2 Unità 4

Grammatic@

**1. Futuro semplice dei verbi *-are*, *-ere*, *-ire*
   Futuro semplice di *essere* e *avere***

	arredare	*mettere*	*pulire*
Io	arred**erò**	mett**erò**	pul**irò**
Tu	arred**erai**	mett**erai**	pul**irai**
Lei/Lui	arred**erà**	mett**erà**	pul**irà**
Noi	arred**eremo**	mett**eremo**	pul**iremo**
Voi	arred**erete**	mett**erete**	pul**irete**
Loro	arred**eranno**	mett**eranno**	pul**iranno**

	essere	*avere*
Io	sarò	avrò
Tu	sarai	avrai
Lei/Lui	sarà	avrà
Noi	saremo	avremo
Voi	sarete	avrete
Loro	saranno	avranno

2. Futuro semplice di alcuni verbi irregolari

	fare	*dare*	*dire*	*stare*
Io	farò	darò	dirò	starò
Tu	farai	darai	dirai	starai
Lei/Lui	farà	darà	dirà	starà
Noi	faremo	daremo	diremo	staremo
Voi	farete	darete	direte	starete
Loro	faranno	daranno	diranno	staranno

	andare	*bere*	*tenere*	*venire*
Io	andrò	berrò	terrò	verrò
Tu	andrai	berrai	terrai	verrai
Lei/Lui	andrà	berrà	terrà	verrà
Noi	andremo	berremo	terremo	verremo
Voi	andrete	berrete	terrete	verrete
Loro	andranno	berranno	terranno	verranno

Modulo 2 Unità 5

Una rondine non fa primavera

IMPARO LE CARATTERISTICHE DELLE STAGIONI.

c

1. A turno fate le domande seguenti e rispondete.

Che giorno della settimana è oggi? In che stagione siamo?
In che anno siamo? Quale data scrivi oggi?
In che mese siamo?

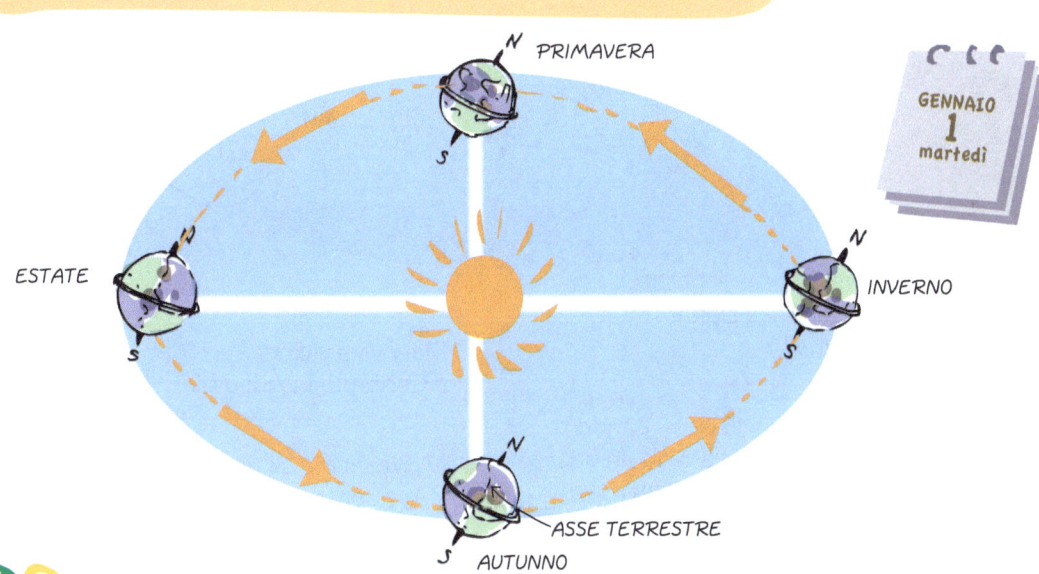

GENNAIO
1
martedì

l P

2. Ogni stagione ha le sue caratteristiche. Ditene almeno cinque per ognuna.

Frasi per… descrivere le caratteristiche delle stagioni

Piove. Fa freddo. I frutti maturano.
Nevica. Molti alberi perdono le foglie. Si falcia il grano.
Fa caldo. La terra si risveglia.

AUTUNNO INVERNO PRIMAVERA ESTATE

Modulo 2 Unità 5

3. *Ragazzi del mondo: leggi cosa scrivono e abbina a ognuno il suo testo.*

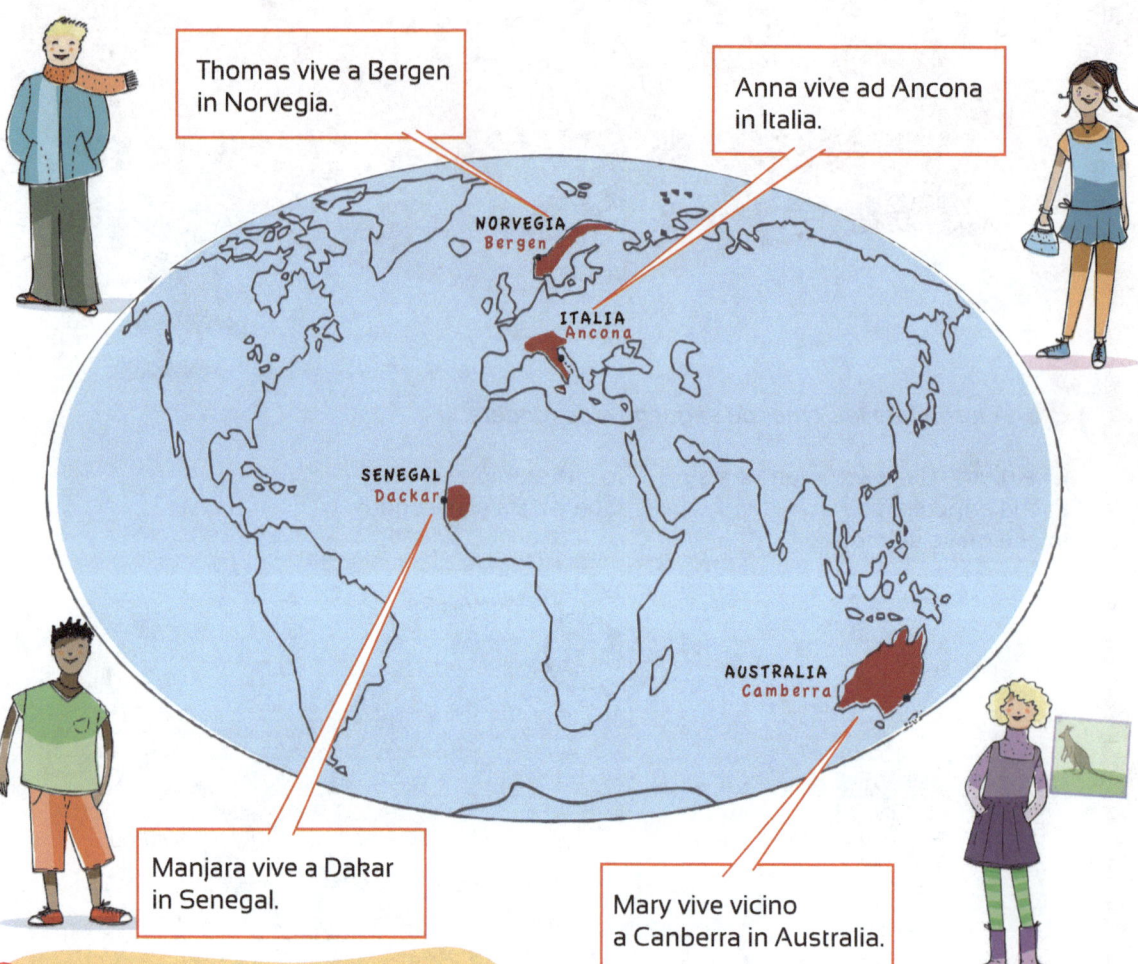

Thomas vive a Bergen in Norvegia.

Anna vive ad Ancona in Italia.

Manjara vive a Dakar in Senegal.

Mary vive vicino a Canberra in Australia.

1 Oggi ho scuola fino alle 15.00. Quando esco il sole se ne è già andato da un po'. Per fortuna la mia casa è vicina e non devo prendere l'autobus. I miei nonni abitano lontano in una zona ancora più vicina al polo. Hanno un periodo di 24 ore di buio ed uno di 24 ore di luce; per il resto dell'anno si fa fatica a capire quando è giorno e quando è notte. Abbiamo due sole stagioni: quella estiva e quella invernale.

2 Vivo vicino all'equatore. La scuola che frequento è distante da casa mia e mi accompagna ogni giorno mio fratello maggiore. Fa molto caldo e per questo porto vestiti leggeri e freschi, con colori allegri e caldi. Siamo nella buona stagione, quella secca, e passo il pomeriggio all'aperto, nei campi, a giocare con i miei vicini. Qui ci sono solo due periodi: la stagione secca e la stagione delle piogge.

3 I miei genitori mi raccontano che quando erano piccoli seguivano la scuola alla radio. Vivevano isolati, lontano da ogni centro abitato e vedevano spesso passare i canguri. Adesso non siamo più così isolati, ci sono altre case e io uso il computer per comunicare con insegnanti e compagni. Ho un amico di penna che vive in Europa, quando è Natale fa pupazzi di neve, mentre io vado in spiaggia a giocare con la sabbia. A scuola ho imparato che il ciclo delle stagioni di un emisfero è il contrario di quello dell'altro emisfero.

4 È finalmente marzo ed è arrivata la primavera. In inverno il termometro è sceso sotto lo zero ed è arrivata anche la neve. Tutti chiusi in casa. Ora le giornate si allungano e la notte la luna illumina i campi. Ancora pochi mesi e... via al mare. Ho visto in televisione che durante l'inverno i raggi del sole arrivano più inclinati e quindi la terra riceve minor calore, viceversa d'estate i raggi colpiscono la terra più direttamente e così assorbe maggior calore.

Modulo 2 Unità 5

4. Rileggi i testi dell'attività 3. Abbina le parole evidenziate ai disegni. Confrontatevi.

Stella che illumina la Terra.

Satellite della Terra.

Metà globo terrestre.

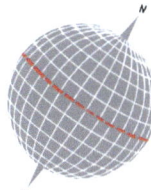
Linea che divide la terra in due mezze sfere: settentrionale e meridionale.

Continente che confina con quello asiatico, bagnato dal Mar Mediterraneo, dall'Oceano Atlantico e dal Mare Artico.

C'è quello Nord e quello Sud: è molto freddo ed è coperto di ghiaccio.

5. Leggi il testo e scopri chi è il protagonista. Confrontatevi.

Primavera
Appena fuori inizia a guardarsi intorno. Il cielo è azzurro e una nuvoletta bianca sembra giocare con quel poco di bianco rimasto sulle cime più alte delle montagne. Intorno la terra è umida e marrone e non si vede nessuno, soltanto le foglie verdi di alcuni alberi sembrano fare un cenno di saluto. Non è facile sopravvivere all'inverno ed essere il primo fiore a nascere in primavera. Certo, ci sono alcune rondini in cielo, ma si sa che "una rondine non fa primavera". È normale sentirsi un po' soli se tutta la propria famiglia dorme ancora e non si intravede nessuno dei propri simili.

6. Rileggi il testo e cerca di capire il significato delle parole evidenziate con il colore, come nell'esempio. Confrontatevi.

Modulo 2 Unità 5

L C

7. Leggi le frasi della lista e rifletti su cosa ti ha aiutato a capire il significato delle parole dell'attività 5. 😊😊😊 Confrontatevi.

- a Ho riletto la parola prima e quella dopo l'espressione.
- b Ho riletto tutta la frase.
- c Ho riletto la frase prima e quella dopo.
- d Ho capito il significato perché la parola assomiglia a quella di un'altra lingua.
- e Ho diviso la parola nelle sue parti.
- f Ho guardato il disegno.
- g Mi ha aiutato qualcuno.

S

8. Scrivi un testo per raccontare il risveglio di un animale dopo l'inverno. Utilizza almeno quattro delle espressioni evidenziate nel testo dell'attività 5.

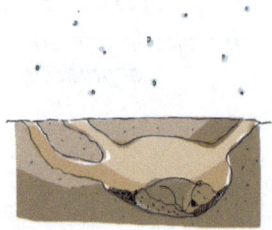  

A C

9. Ascolta il testo di un audiolibro, guarda le illustrazioni e inventa un altro titolo. 😊😊😊 Confrontatevi.

A S

10. Riascolta il testo dell'attività 9 e prendi appunti per poterlo raccontare.

P

11. 😊😊 Raccontate a turno il testo dell'attività 9. Aiutatevi con gli appunti e con le immagini.

Modulo 2 Unità 5

12. 😊😊 *Uno di voi legge il testo A, l'altro il testo B. Cercate sul vocabolario le parole che non conoscete.*

A **Autunno**
Sono un albero e vivo nell'Italia settentrionale. Ho tante foglie ma davvero tante, così tante che chi mi vede dice sempre che sembro una palla. Io una palla? Sono le foglie che mi stanno intorno che sembrano una palla! Ma adesso sta finalmente arrivando il mio momento, sta arrivando l'autunno e una alla volta le foglie diventano gialle e cominciano a cadermi ai piedi. Sono cadute tutte! Lo vedete adesso come sono davvero? Ho un tronco alto e rami sottili che sembrano volare verso il cielo. Non sono una palla e, se prima non volevate credere a me, adesso dovete credere al mio amico autunno.

B **Inverno**
In una città dove da anni non nevica, un bambino non ha mai visto la neve. Lontano dalla città c'è una sola montagna. Guardando dalla sua finestra il bambino vede la montagna e sogna il giorno in cui potrà arrivare in cima e potrà toccare il cielo. Quella montagna ormai la conosce benissimo e la disegna tutti i giorni. Una sola cosa non gli è chiara: non riesce proprio a capire come mai a un certo punto lassù in alto tutto cambia colore. Ma certo! Proprio ora la sua amica montagna lo saluta e diventa bianca per farsi disegnare meglio.

13. Scrivi su un foglio quattro domande sul testo dell'attività 12. In ogni domanda deve essere inserita una delle espressioni evidenziate nel testo.

14. Ognuno legge anche il testo non scelto dell'attività 12. 😊😊 *A turno ponete le domande preparate nell'attività 13 e rispondete.*

15. 😊😊 *Andate a caccia di indizi. Osservate le illustrazioni, cercate di scoprire quali stagioni rappresentano in Italia e spiegate il perché.*

a Locuzioni di tempo determinato

A

B

C

ottantacinque **85**

Modulo 2 Unità 5

16. *Raccontate a turno alcuni episodi della vostra vita nelle diverse stagioni dell'anno, come nell'esempio. Potete utilizzare le espressioni della lista.*

Espressioni di tempo determinato

nei primi mesi dell'estate	di mattina
all'inizio dell'inverno	il pomeriggio
la settimana prossima	di pomeriggio
fra una settimana	nel pomeriggio
l'8 dicembre	la sera
in febbraio	di sera
a febbraio	la notte
in primavera	di notte
in autunno	a mezzogiorno
la mattina	nel primo pomeriggio

IN INVERNO, LA DOMENICA MI TROVO SPESSO CON I MIEI CUGINI E ANDIAMO...

17. *Sai che cosa vuol dire? Rileggi una parte del testo dell'attività 5.*

> Non è facile sopravvivere all'inverno ed essere il primo fiore a nascere in primavera. Certo, ci sono alcune rondini in cielo, ma si sa che *'una rondine non fa primavera'*.

"Una rondine non fa primavera" in questo caso vuol dire:

Le rondini ritornano in primavera. — Le rondini non ci sono a primavera. — Quando arrivano le rondini non sempre è primavera.

18. *Che cosa hai imparato?*

IO SO...

Modulo 2 Unità 5

ITALIA Lo sai che...

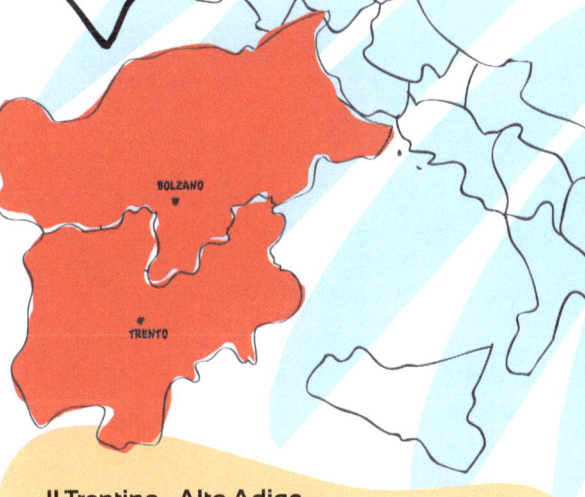

Il Trentino - Alto Adige
È una regione formata da due province autonome, quella di Trento e quella di Bolzano.
In Trentino - Alto Adige ci sono molte belle montagne. Le più famose sono le Dolomiti che sono state dichiarate dall'UNESCO patrimonio dell'Umanità e sono dunque protette in modo particolare.
In provincia di Bolzano convivono tre gruppi etnici, quello italiano, quello tedesco e quello ladino, che parlano lingue diverse.

Le Dolomiti

Il Friuli-Venezia Giulia
È un'altra regione autonoma. Il capoluogo è Trieste.
Il paesaggio della regione è vario: va dalle Alpi, alle colline, al mare. Alcune città sono famose per le opere d'arte: a Cividale si trovano tracce dei Longobardi; Aquileia e Grado sono note per i resti del primo Medioevo. Trieste è una città affascinante e interessante per la presenza di monumenti e tradizioni provenienti da culture diverse. Una volta il suo porto era molto importante. A Trieste Massimiliano d'Asburgo, fratello dell'Imperatore Francesco Giuseppe, si è fatto costruire il castello di Miramare che si trova in riva al mar Adriatico. La parte di mare davanti al castello oggi è parco marino.
In questa regione, soprattutto nella parte orientale, vivono gruppi etnici diversi: quello italiano e quello sloveno.

Il porto di Trieste

87
ottantasette

Modulo 2 Unità 5

Grammatic@

1. Locuzioni di tempo determinato

Parti della giornata	Ore	Data	Stagioni	Anno
al mattino/la mattina a mezzogiorno alla sera/la sera di notte/la notte di buon'ora	alle otto alle nove e tre quarti	il giorno del mese il mese il 28 gennaio 2015	in primavera in inverno in autunno in estate	nell'anno 2019 nel 2019 durante il 2019

Modulo 2 Unità 5

ITALIA Lo sai che...

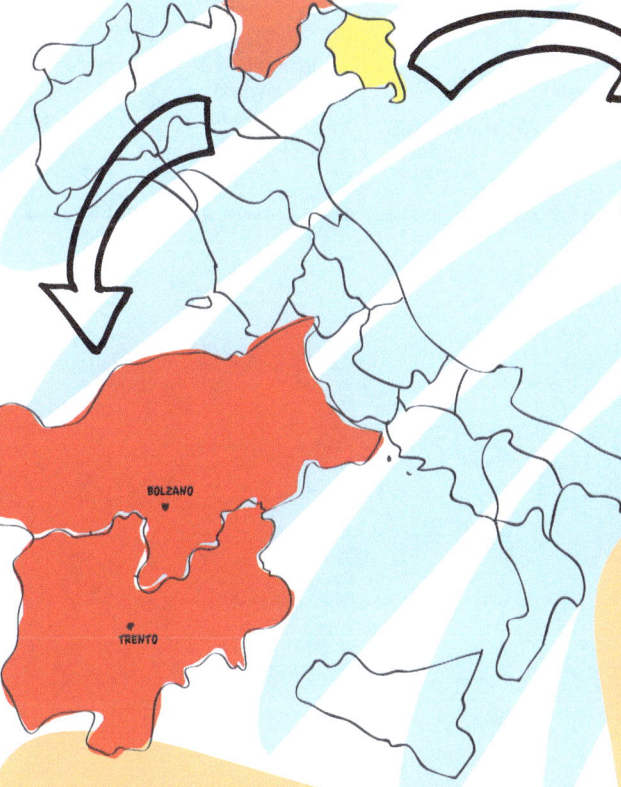

Il Trentino - Alto Adige
È una regione formata da due province autonome, quella di Trento e quella di Bolzano.
In Trentino - Alto Adige ci sono molte belle montagne. Le più famose sono le Dolomiti che sono state dichiarate dall'UNESCO patrimonio dell'Umanità e sono dunque protette in modo particolare.
In provincia di Bolzano convivono tre gruppi etnici, quello italiano, quello tedesco e quello ladino, che parlano lingue diverse.

Le Dolomiti

Il Friuli-Venezia Giulia
È un'altra regione autonoma. Il capoluogo è Trieste.
Il paesaggio della regione è vario: va dalle Alpi, alle colline, al mare. Alcune città sono famose per le opere d'arte: a Cividale si trovano tracce dei Longobardi; Aquileia e Grado sono note per i resti del primo Medioevo. Trieste è una città affascinante e interessante per la presenza di monumenti e tradizioni provenienti da culture diverse. Una volta il suo porto era molto importante. A Trieste Massimiliano d'Asburgo, fratello dell'Imperatore Francesco Giuseppe, si è fatto costruire il castello di Miramare che si trova in riva al mar Adriatico. La parte di mare davanti al castello oggi è parco marino.
In questa regione, soprattutto nella parte orientale, vivono gruppi etnici diversi: quello italiano e quello sloveno.

Il porto di Trieste

Modulo 2 Unità 5

Grammatica

1. Locuzioni di tempo determinato

Parti della giornata	Ore	Data	Stagioni	Anno
al mattino/la mattina a mezzogiorno alla sera/la sera di notte/la notte di buon'ora	alle otto alle nove e tre quarti	il giorno del mese il mese il 28 gennaio 2015	in primavera in inverno in autunno in estate	nell'anno 2019 nel 2019 durante il 2019

Modulo 3 Unità 1

Natale con i tuoi, Pasqua con chi vuoi

IMPARO A PARLARE DI VACANZE E VIAGGI.

C

1. Guardate l'immagine e dite dove sono i ragazzi e di che cosa parlano.

A C

2. Ascoltate: avete indovinato?

A S

3. Riascolta e scrivi su un foglio i luoghi nominati. Confrontatevi.

C

4. Indicate le regioni in cui si trovano i luoghi nominati.

Modulo 3 Unità 1

5. *Prendete un dado, due pedine e fate il gioco dell'oca.*

1. PARTENZA

2. Dove è andata Franca?

3. Con chi è andata in vacanza Franca?

4. Centro giovanile: resta fermo un giro in compagnia di Luigi!

5. Per quanto tempo Franca è rimasta in vacanza?

6. Cosa ha fatto Franca in vacanza?

7. Chi ha incontrato Franca in vacanza?

8. Dov'è andata Franca in montagna?

9. Torna indietro al centro giovanile!

10. Con quale mezzo Franca è andata in montagna?

11. Fermati a cercare il cellulare di Silvia!

12. Perché Silvia non ha risposto al cellulare?

13. Fermati un giro a osservare le torri di Bologna!

14. Dove abita il nonno di Silvia?

15. Va' avanti di una casella!

16. Completa il detto: Natale con i…

17. Dov'è cresciuto il papà di Silvia?

18. Chi non ha dimostrato interesse a visitare le città?

19. Perché Silvia e i suoi genitori sono andati in Emilia Romagna?

20. Cosa è piaciuto a Silvia?

21. Dove si è divertito il fratello di Silvia?

22. ARRIVO

6. Riascolta il dialogo. Scrivi su un foglio alcune azioni di Franca, di Silvia e del fratellino di Silvia, come nell'esempio. Confrontatevi.

SILVIA HA DIMENTICATO IL CELLULARE A CASA.

FRANCA HA PRESO LA FUNIVIA PER IL MONTE BALDO.

7. Scoprite cosa ha fatto Luigi durante le vacanze. Seguite gli indizi nel disegno e raccontate.

CASA

GUIDA PER LA CITTÀ

AMICI INGLESI

INTERPRETE INGLESE-ITALIANO

BELLA RAGAZZA DELLA MIA ETÀ

8. Leggi cosa ha fatto Luigi. Avete indovinato? Spiegate perché.

Il sabato prima di Pasqua a casa di Luigi sono arrivati alcuni amici inglesi. Luigi era arrabbiato perché i suoi gli avevano detto che doveva lasciare la sua stanza a Jenny, una ragazzina della sua età. "Mi tocca dormire sul divano! - ha pensato - E non la conosco neppure e magari è antipatica". I suoi lo avevano avvisato: "Comportati bene e soprattutto fai da guida ai nostri amici inglesi in città. Puoi portarli al Colosseo, in Piazza Navona, in Piazza di Spagna e alla Fontana di Trevi. Al resto ci pensiamo noi.".
"Ecco fatto! Addio libertà per cinque giorni!", ha pensato Luigi.
Ha cambiato subito idea quando sono arrivati gli amici: simpatici, con un paio di scarpe verdi come regalo per lui e soprattutto c'era lei, Jenny, capelli lunghi e biondi, occhi verdi, un viso bellissimo. Indossava una camicetta rossa e un paio di jeans all'ultima moda. Luigi, per la prima volta nella sua vita, non si è lamentato per gli incarichi che aveva ricevuto. Conoscere Jenny è stata per lui un'esperienza meravigliosa.

Modulo 3 Unità 1

9. *Leggete il fumetto e continuate il racconto di Luigi.*

10. *Raccontate a turno le vostre ultime vacanze. Usate lo schema.*

- Quando sono stato/a in vacanza.
- Con chi sono stato/a.
- Dove sono andato/a.
- Cosa ho visto.
- Cosa ho fatto.
- Cosa mi è piaciuto/Cosa non mi è piaciuto.

11. Alcuni ragazzi hanno trascorso le vacanze in questi luoghi. Scrivi su un foglio dei brevi testi, come quello di Luigi nell'attività 8.

Modulo 3 Unità 1

c

12. 😊😊 *Scegliete, nella lista, tre città italiane da visitare. Dite in quale regione si trovano e cosa potete vedere.*

ROMA    GENOVA    FIRENZE    PALERMO

l c

13. 😊😊 *Leggete i fumetti e recitate le scenette. Potete usare le espressioni dei riquadri.*

 SAI CHE LUIGI DURANTE LE VACANZE DI PASQUA È ANDATO A TROVARE I NONNI?   NON È VERO, È RIMASTO A CASA.

AFFERMARE   REAGIRE

 PENSA, FRANCA DURANTE LE VACANZE DI PASQUA È ANDATA A SCIARE!   TI SBAGLI, MI HA DETTO CHE È ANDATA AL LAGO.

AFFERMARE   REAGIRE

 MA MI HA DETTO LUI CHE È ANDATO VIA!

REPLICARE

EPPURE SONO SICURA, L'HO VISTA PARTIRE CON GLI SCI!

REPLICARE

Frasi per... affermare

Quest'estate Luca è andato in vacanza in Austria.
A Pasqua Marisa è andata in vacanza con gli amici.
A Carnevale Francesca e Claudia hanno passato una settimana sulla neve.
Oriana e Lisa, alla festa dei Santi, hanno dovuto rimettere in ordine la loro camera.
Tiziana, in agosto, è andata in campeggio con una famiglia di amici.
Quest'inverno Fulvio è sempre rimasto a casa.

Espressioni per... reagire

Sei sicura? Per me non è così perché...
Marisa? Non ci credo proprio! Lei...
Ma se non sanno nemmeno dove si mettono gli sci!
Non ci credo...
Lei, una così delicata...
Ma sei matto? Lui che...

Espressioni per... replicare

Ma dai...
Secondo me...
Guarda che per me non è andata così, loro...
Ma va là, loro sai come sono...
Eppure sono sicura...
Quando sono andata/o a casa sua lui...

novantatré

Modulo 3 Unità 1

c

14. 😊😊 *Dove è andato Mario in vacanza? Create delle scenette come nell'attività 13.*

L S

15. Sostituisci al numero la lettera corrispondente dell'alfabeto, come nell'esempio, e scopri dov'è andato in vacanza Mario.

"12,13,12 = NON..."

Frasi:
12, 13, 12 - 17, 13, 12, 13 - 1, 12, 4, 1, 18, 13 - 9, 12 - 20, 1, 3, 1, 12, 21, 1. - 20, 13, 7, 10, 9, 13 - 17, 13, 10, 13 - 6, 1, 16, 11, 9 - 12, 13, 18, 1, 16, 5.

Alfabeto:
1 A, 2 B, 3 C, 4 D, 5 E, 6 F, 7 G, 8 H, 9 I, 10 L,
11 M, 12 N, 13 O, 14 P, 15 Q, 16 R, 17 S, 18 T, 19 U, 20 V, 21 Z.

L

16. Sai che cosa vuol dire? Leggi le battute del dialogo dell'attività 2.

> **Luigi:** *A Pasqua siete state via? Non vi ho viste in giro! Natale con i tuoi, Pasqua con chi vuoi, eh?*
> **Silvia:** *Sono andata via, è vero, ma con i miei.*

"Natale con i tuoi, Pasqua con chi vuoi" in questo caso vuol dire:

Gli amici vengono a trovarci a Pasqua e a Natale. | A Natale si va in vacanza con i propri amici, a Pasqua non si esce di casa. | Il Natale si trascorre con la propria famiglia, a Pasqua si va in vacanza con gli amici.

R

17. Che cosa hai imparato?

"IO SO..."

ITALIA Lo sai che...

Modulo 3 Unità 1

L'Emilia Romagna
È una regione famosa anche per i suoi piatti molto gustosi.
Il capoluogo è Bologna.
A Bologna c'è una torre molto conosciuta, chiamata la Torre degli Asinelli. È stata costruita all'inizio del XII secolo.

Una nota filastrocca parla della Torre degli Asinelli:

Un asinello guardando le stelle,
voleva un giorno rubar le più belle.
Ma per salire non c'erano scale
e senza scale, si sa, non si sale.

Un asinello salì su di un altro
sotto arrivarono un dopo l'altro.
Ad ogni asino che si aggiungeva
sempre di più quella torre cresceva.

Viva la Torre degli asinelli,
fatta dai centocinquanta più belli.
Sono asinelli di ogni colore,
sono i più belli e conquistano il cuore.

La torre degli Asinelli

Modulo 3 Unità 1

Grammatic@

1. Passato prossimo dei verbi riflessivi

	bagnarsi	sedersi	divertirsi
Io	mi sono bagn**ata/o**	mi sono sed**uta/o**	mi sono divert**ita/o**
Tu	ti sei bagn**ata/o**	ti sei sed**uta/o**	ti sei divert**ita/o**
Lei/Lui	si è bagn**ata/o**	si è sed**uta/o**	si è divert**ita/o**
Noi	ci siamo bagn**ate/i**	ci siamo sed**ute/i**	ci siamo divert**ite/i**
Voi	vi siete bagn**ate/i**	vi siete sed**ute/i**	vi siete divert**ite/i**
Loro	si sono bagn**ate/i**	si sono sed**ute/i**	si sono divert**ite/i**

Topi di bibliotECA

Modulo 3 Unità 2

IMPARO A PARLARE DI STORIE.

1. Dite perché leggete.

LEGGO PER INFORMARMI!

LEGGO PER DIVERTIRMI!

LEGGO PER...

INFORMARMI DIVERTIRMI STUDIARE COMUNICARE SAPER FARE QUALCOSA TROVARE UNA RISPOSTA CERCARE INFORMAZIONI

2. Scegli A o B in ogni coppia di frasi e scopri che tipo sei.

Frasi per... parlare di libri

- **A** Quando ricevo un libro, lo leggo tutto senza interruzioni
- **B** Quando ricevo un libro, lo sfoglio un po' e poi lo abbandono.

- **A** Quando passo davanti a una libreria, devo assolutamente entrare per guardare le novità.
- **B** Quando passo davanti a una libreria non mi entusiasmo molto.

- **A** Vado spesso nella biblioteca pubblica del luogo in cui abito e chiedo libri in prestito.
- **B** Non vado mai nelle biblioteche pubbliche.

- **A** Se qualcuno mi dice che ha letto un bel libro, glielo chiedo in prestito.
- **B** Non mi interesso di quello che leggono gli altri.

Che tipo sei?

Se le lettere abbinate alle tue scelte sono in maggioranza A, sei davvero un "topo di biblioteca".
Se sono in maggioranza B, non hai ancora scoperto la magia della lettura!

Modulo 3 Unità 2

3. Seguite l'esempio e giocate al "gioco del perché".

GUARDO LA PIANTINA DELLA CITTA' PER CERCARE UNA STRADA.

LEGGO UN FUMETTO PER DIVERTIRMI.

LEGGO UNA RIVISTA PER INFORMARMI.

CONSULTO IL VOCABOLARIO PER TROVARE UNA PAROLA.

CONSULTIAMO L'ORARIO FERROVIARIO PER VEDERE QUANDO PARTE IL TRENO.

Dite a turno cosa leggete e perché.
Uno sceglie la prima colonna, l'altro la seconda.

Procedete con il gioco e dite a turno cosa leggete e perché: uno sceglie la terza colonna, l'altro la quarta.

Guardate l'illustrazione della quinta colonna corrispondente alla quarta e dite insieme cosa leggete e perché.

1	2	3	4		5
LA PIANTINA DI UNA CITTA'	LA CARTINA GEOGRAFICA	IL LIBRO DI CUCINA	L'ORARIO SCOLASTICO	→	L'ATLANTE
IL GIORNALE	I PROGRAMMI TV	LA RICETTA DI UN RISOTTO	LE ISTRUZIONI PER UN GIOCO DA TAVOLA	→	L'ENCICLOPEDIA
L'ELENCO TELEFONICO	IL FUMETTO	LA RIVISTA	L'SMS	→	LE ISTRUZIONI D'USO DELLA RADIO
LA RICETTA DI UNA TORTA	L'E-MAIL	LA LETTERA	IL VOCABOLARIO	→	L'ORARIO FERROVIARIO
LA PUBBLICITA' DEGLI OCCHIALI	IL PROGRAMMA DI UN FESTIVAL ROCK	IL ROMANZO	IL DEPLIANT DI UNA MOTO	→	LA CARTOLINA

Modulo 3 Unità 2

4. Scegli il libro più adatto per le tre situazioni. 😊😊 Confrontatevi.

CHISSÀ COME SARÀ IL COLLEGIO!

LORETTA

I genitori di Loretta sono spesso assenti per lavoro e la nonna non può occuparsi di lei. Di comune accordo hanno deciso che l'unica soluzione è il collegio. Loretta è preoccupata e non sa immaginarsi come sarà. Crede che la vita lì sia noiosa e chiede a tutti se hanno avuto esperienze simili alla sua.

Stefania è una ragazza molto attiva. Le sue giornate sono decisamente piene, pratica tutti gli sport possibili e ha una vera passione per l'avventura. Ama leggere romanzi gialli e poi ne parla per ore con le sue amiche.
Leggono tutte con passione: sono veri topi di biblioteca!

HO PROPRIO BISOGNO DI RILASSARMI! QUI CI VUOLE UN LIBRO D'AVVENTURA.

STEFANIA

CHE FATICA AIUTARE IL NONNO IN CAMPAGNA. SO TROPPO POCO DI POLLAI, STALLE E ANIMALI!

GIANNI

Gianni deve passare le vacanze nel paesino dei nonni, dove non conosce nessuno. Gli zii e suo cugino sono andati a vivere in città, mentre lui dovrà occuparsi di stalle e di pollai per aiutare il nonno sempre indaffarato con i suoi animali.

 **a** Il mistero dell'Isola del Drago	Mino si annoia e va a curiosare tra i vecchi libri della biblioteca della zia. Lì scopre la mappa del tesoro del terribile capitano Blackborn. Da quel momento il fascino delle vecchie storie di pirati e la febbre dell'oro lo travolgono in un'appassionante avventura. Renato Giovannolli, *Il mistero dell'Isola del Drago*	
 **b** Drilla	La terribile Mrs. Granger è l'incubo di molti ragazzi, perché è una fanatica del vocabolario e fa imparare ogni settimana almeno 35 nuove parole. Ma Nick la sfida. Si inventa una nuova parola, "drilla", e un po' alla volta convince tutti i suoi amici a non dire più "penna" ma "drilla". E la parola avrà un successo imprevedibile. Andrew Clemens, *Drilla*	
 **c** Il giornalino di Gianburrasca	Il diario di un ragazzino di fine '800 che combina tanti guai. Per questo il suo nome si trasforma da Giannino in Gianburrasca. Prima vive in famiglia, ma poi per punizione lo mandano in collegio. Lì non ci sono confini alla sua fantasia quando si tratta di preparare qualche scherzo. Vamba, *Il giornalino di Gianburrasca*	
 **d** Furto a scuola	Chi sarà l'autore dei numerosi furti che avvengono nella terza D? Quando uno dei compagni viene accusato e tutti gli indizi sono contro di lui, Daniel, detto il Pensatore, e i suoi amici decidono di indagare più a fondo per dimostrare la sua innocenza. Christine Nöstlinger, *Furto a scuola*	
 **e** Il permesso	Un ragazzo, in campagna, vive con altri ragazzi come lui e con adulti che praticano la caccia. Giorno dopo giorno incontra e conosce meglio il mondo degli animali. Un po' alla volta impara a fare delle scelte. Mario Lodi, *Il permesso*	

Modulo 3 Unità 2

5. *Alcuni libri dell'attività 4 restano senza lettore. Cercate di immaginare chi può leggerli e spiegate perché.*

6. Osserva i disegni e indovina le fiabe a cui si riferiscono. Confrontatevi.

IL POLLICE   IL MANTELLO ROSSO   LA SCARPETTA DI CRISTALLO   IL ROSPO   LA MELA AVVELENATA

7. Leggi la storia e scopri quali personaggi delle fiabe dell'attività 6 ci sono. Confrontatevi.

1 Cappuccetto Rosso, mentre va dalla nonna, si ferma a raccogliere dei fiori nella foresta. Sta raccogliendo una bella margherita quando vede, proprio su uno dei petali bianchi, un bambino piccolo, piccolissimo, non più grande di un pollice. "E tu chi sei?" gli chiede. "Io sono Pollicino e sto cercando di ritrovare la strada di casa".

2 La casa della nonna è proprio da quella parte. Decidono di incamminarsi assieme. Dopo poco tempo, sette nanetti attraversano il sentiero cantando. Cappuccetto Rosso e Pollicino li seguono. I nanetti abitano in una casetta in mezzo alla foresta.

3 C'è una ragazza bellissima. È Cenerentola, che ha perso la scarpetta di cristallo. Si è persa anche lei nella foresta e in quel momento aspetta il Principe.

4 Cappuccetto Rosso e Pollicino incontrano un rospo. Se ne sta fermo ai margini del sentiero e sembra davvero molto triste. Pollicino gli chiede che problema ha. "Sono un principe, ma la principessa che deve baciarmi si è persa" risponde il rospo.

5 Cappuccetto Rosso e Pollicino cominciano a ridere come matti, ma poi spiegano al rospo dov'è la principessa e lui parte subito per farsi baciare da lei.

6 Cappuccetto Rosso e Pollicino arrivano poco dopo alla casa della nonna. Lì trovano i genitori di Pollicino, che hanno appena mandato via il lupo. Tutti insieme passano un bellissimo pomeriggio, parlando di tutte le cose straordinarie che accadono da sempre nella meravigliosa foresta.

Modulo 3 Unità 2

8. Rileggi il testo dell'attività 7 e associa un disegno ad ogni paragrafo. Scrivi su un foglio in ordine le lettere corrispondenti e scopri la parola nascosta.

9. Rileggi la storia dell'attività 7 e prendi appunti. Per ogni paragrafo scrivi tre parole che ti possono aiutare a raccontare la storia, come nell'esempio.

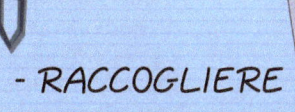

- RACCOGLIERE
- MARGHERITA
- POLLICINO

10. Con l'aiuto delle parole che avete scritto nell'attività 9, raccontate a turno la storia.

Modulo 3 Unità 2

11. Leggi la storia, metti in ordine le illustrazioni, scrivi le lettere su un foglio e scopri la parola nascosta.

O

P

I

N

A

1
C'è un pianista che ama tantissimo suonare la sua musica preferita.
La sua casa è sempre piena di splendide note musicali e lui trascorre ore e ore a suonare il suo pianoforte, tanto che si dimentica di mangiare, di bere e di dormire. La sua dispensa è sempre vuota come pure il suo frigorifero. Il massimo che possiede è un sacco di patate che ogni tanto cucina, ma ahimè, quando finiscono, si dimentica di ricomprarle dal contadino.

2
In quella casa vecchia, vecchia vivono tanti topolini che, stanchi di essere affamati e di non trovare cibo, si mettono a rosicchiare le corde del suo pianoforte. Un giorno rosicchiano il DO. "Pazienza" pensa il pianista, "posso suonare le altre note!".

3
I topolini però continuano nella loro opera: rosicchiano un MI, un FA e un RE. È davvero impossibile per il pianista continuare a suonare. Cosa può fare?

4
Il più saggio dei topolini gli dà un consiglio: "Tu hai fame come noi e devi trovare una soluzione! Perché non vai dal sindaco e non gli chiedi di poter suonare nella piazza del tuo paese?". Detto fatto. Il pianista va dal sindaco che gli dice: "Buona idea, porta il tuo pianoforte e suonerai per tutti noi in piazza". "Il mio pianoforte però è rotto.", dice il pianista. "Lo aggiusteremo, non preoccuparti!" risponde il sindaco. Detto fatto.

5
Il pianista dopo alcuni giorni si mette a suonare in piazza. Un po' alla volta arrivano ad ascoltare la sua musica tutti i compaesani e dopo qualche tempo anche le persone dei paesi vicini. La gente fa sempre tanti regali al pianista che può riempire la casa di cibo. Di giorno suona nella piazza del paese e di notte torna felice nella sua casa, dove il cibo non manca più. "Adesso voi topolini furbacchioni potete mangiare il vostro formaggio preferito!" - dice il pianista. I topolini nella cantina sono contenti perché la loro vita è più facile. Non devono più rosicchiare le corde del pianoforte.

Modulo 3 Unità 2

L

12. Rileggi la storia dell'attività 11. Abbina le fasi della lista a ogni paragrafo. Trascrivi in ordine le lettere e completa la parola nascosta dell'attività 11.

Fasi

- **O** problema imprevisto - una difficoltà inaspettata
- **E** lieto fine - la storia finisce bene
- **R** problema che si sviluppa - la storia si svolge
- **F** situazione iniziale - all'inizio
- **T** momento culminante - la fase più importante

S

13. Scrivi su un foglio una storia con l'aiuto delle fasi dell'attività 12.

L

14. Abbina i disegni alle fiabe. Trascrivi su un foglio in ordine le lettere e leggi il nome di un legume.

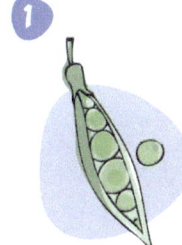 **O** La piccola fiammiferaia    **P** La principessa sul pisello    **L** Il gatto con gli stivali    **E** Biancaneve

 I Cappuccetto rosso   **S** La lampada di Aladino   Cenerentola

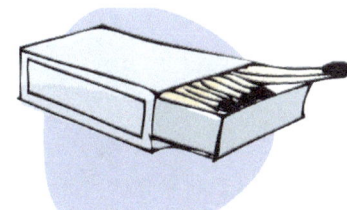

Modulo 3 Unità 2

S

15. Scrivete una delle fiabe dell'attività 14. Usate le parole della lista.

Parole per... scrivere una fiaba

espressioni	personaggi	oggetti
una volta	la matrigna	il palazzo
improvvisamente	la fata	la carrozza
un bel giorno	la strega	la zucca
in poco tempo	l'orco	la scarpetta di cristallo
un brutto giorno	la sorellastra	la bacchetta magica
cammina cammina	il principe azzurro	l'anello magico
e vivono felici e contenti	il lupo	gli stivali magici
detto fatto	la vecchina	lo specchio magico

 L A

16. Leggete e ascoltate a turno le storie scritte nell'attività 15.

 L

17. Sai che cosa vuol dire? Rileggi questa frase dell'attività 4.

> Stefania ama leggere romanzi gialli e poi ne parla per ore con le sue amiche. Leggono tutte con passione: sono veri **topi di biblioteca**!

"Topi di biblioteca" in questo caso vuol dire:

I topi mangiano anche i libri.

Nella biblioteca ci sono i topi.

Persone che leggono molti libri.

 R

18. Che cosa hai imparato?

IO SO...

Modulo 3 Unità 2

ITALIA Lo sai che...

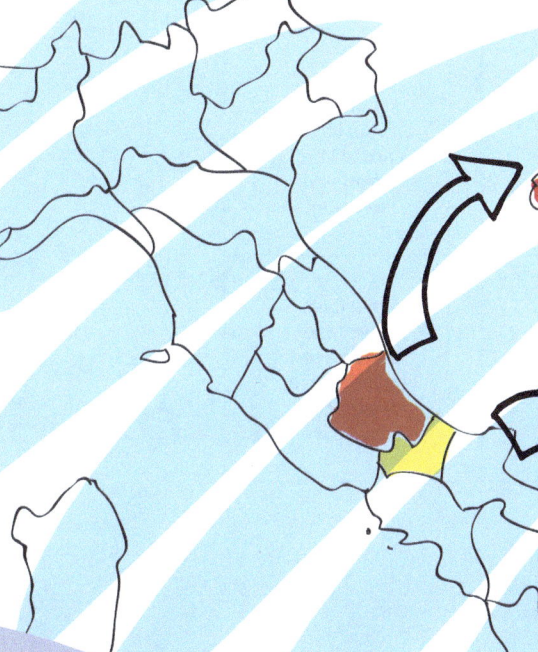

L'Abruzzo
Il capoluogo dell'Abruzzo è L'Aquila. La città risale al Medioevo. Ha 99 rioni (zone) e ogni rione ha la sua chiesa, la sua fontana e la sua piazza. A ricordo dei 99 rioni è stata costruita, nel Medioevo, una fontana con 99 cannelle. Nel 2009 a L'Aquila c'è stato un fortissimo terremoto che ha provocato molti morti e ha distrutto parte della città.
In Abruzzo c'è il Gran Sasso che è il monte più alto degli Appennini. In inverno sul Gran Sasso si può sciare, in estate sui prati pascolano tantissime pecore.

Il Molise
Dopo la Valle d'Aosta è la più piccola regione italiana. Si affaccia sul Mare Adriatico e vicino alla costa il suo territorio è pianeggiante. All'interno invece è montuoso e collinoso.
Il clima varia dalla costa, dove è mite, alle zone montane dove è più rigido. Il capoluogo è Campobasso.

La fontana delle 99 cannelle

Campobasso

Modulo 3 Unità 2

Grammatic@

1. Aggettivi possessivi

	singolare	plurale
maschile	il **mio** libro il **tuo** libro il **suo** libro il **nostro** libro il **vostro** libro il **loro** libro	i **miei** libri i **tuoi** libri i **suoi** libri i **nostri** libri i **vostri** libri i **loro** libri
femminile	la **mia** casa la **tua** casa la **sua** casa la **nostra** casa la **vostra** casa la **loro** casa	le **mie** case le **tue** case le **sue** case le **nostre** case le **vostre** case le **loro** case

Modulo 3 Unità 3

Acqua alta

IMPARO A INFORMARMI E A DARE INFORMAZIONI PER VISITARE UNA CITTÀ.

1. 😊😊 Quali oggetti della lista avete portato l'ultima volta che avete visitato una città? Quali altri oggetti sono indispensabili per un turista?

LA CARTINA GEOGRAFICA   LO ZAINETTO   LA MACCHINA FOTOGRAFICA   LA GUIDA TURISTICA

IL TELEFONINO   IL PORTAFOGLIO   IL CAPPELLINO   LE SCARPE DA GINNASTICA   L'OROLOGIO

L'ACQUA   LA TORCIA   LA BUSSOLA   IL BLOCCO   IL SACCO A PELO

2. 😊😊 Indovinate a quale città si riferiscono le illustrazioni. Aiutatevi con l'anagramma.

ZIANEVE

Modulo 3 Unità 3

3. *Vuoi partire. Cerca sull'atlante in quale regione è la città dell'attività 2 e quali regioni devi attraversare per raggiungerla.*

4. *Leggi la guida turistica e memorizza almeno quattro informazioni. Ripetetele e usate tre delle parole della lista.*

Venezia

Venezia è il capoluogo del Veneto, una regione del nord Italia, bagnata dal Mar Adriatico. È costruita su tante piccole isole della laguna ed è unita alla terraferma da un ponte ferroviario e da un ponte stradale. In inverno spesso c'è il fenomeno dell'acqua alta, cioè l'acqua del mare invade la città.

Nella laguna ci sono tante altre isole.
La Giudecca è una striscia di terra con abitazioni e orti, un tempo abitata dai "giudei".
San Giorgio è l'isola dei cipressi.
Il Lido è la spiaggia di Venezia, l'unico posto in cui puoi trovare le automobili. Ogni anno si svolge lì il famoso "Festival del cinema".

Murano, come Venezia, è formata da tante piccole isole ed è famosa per la lavorazione del vetro.
Torcello è un'isola poco abitata che ospita la più antica chiesa della laguna, la cattedrale di Santa Maria Assunta.
Burano è un'isola famosa per la produzione di merletti. Si distingue per le sue case colorate.

Parole per ... parlare di una città

capoluogo = città più importante di una regione
laguna = tratto di mare basso, separato dal mare aperto da una striscia di terra
terraferma = parte continentale di una regione
merletti = lavori a uncinetto
acqua alta = l'acqua del mare che invade la città

5. *Siete riusciti a memorizzare le informazioni contenute nella guida turistica? Cosa vi ha aiutato?*

HO PENSATO A DELLE IMMAGINI CHE CONOSCO.
HO OSSERVATO LE ILLUSTRAZIONI.
HO UNITO DUE IDEE.
HO OSSERVATO E IMPARATO ALCUNE PAROLE CHIAVE.
HO LETTO TANTE VOLTE.

Modulo 3 Unità 3

C

6. 😊😊 *Descrivete le isole. Utilizzate le informazioni che avete letto nella guida turistica dell'attività 4.*

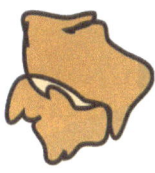
MURANO

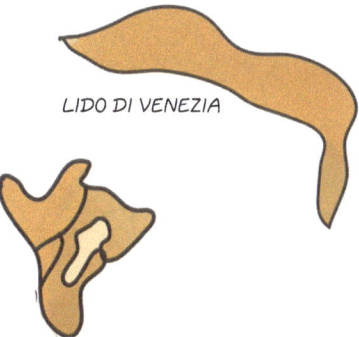
LIDO DI VENEZIA

S. GIORGIO

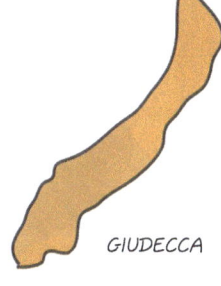
GIUDECCA

TORCELLO

BURANO

LA CHIESA DI S. M. ASSUNTA

GLI OGGETTI IN VETRO

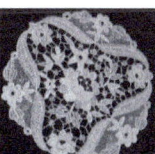
IL CANDELABRO EBRAICO A SETTE BRACCIA

I MERLETTI

I CIPRESSI

IL LIDO

L C

7. 😊😊 *Esponete le caratteristiche dell'atlante e quelle della guida turistica.*

CONTIENE LE CARTE GEOGRAFICHE FISICHE DI REGIONI, STATI E CONTINENTI.

DÀ INFORMAZIONI SU CITTÀ E PAESI.

DESCRIVE I MONUMENTI PIÙ IMPORTANTI DA VISITARE IN UNA CITTÀ.

ATLANTE

GUIDA TURISTICA

INDICA INDIRIZZI DI ALBERGHI E PENSIONI.

CONTIENE LE CARTE GEOGRAFICHE POLITICHE DEGLI STATI.

CONTIENE LE PIANTINE DELLE CITTÀ.

SUGGERISCE I PRODOTTI TIPICI DI UNA REGIONE.

Modulo 3 Unità 3

8. Leggi il testo e cerca le immagini descritte. Confrontatevi.

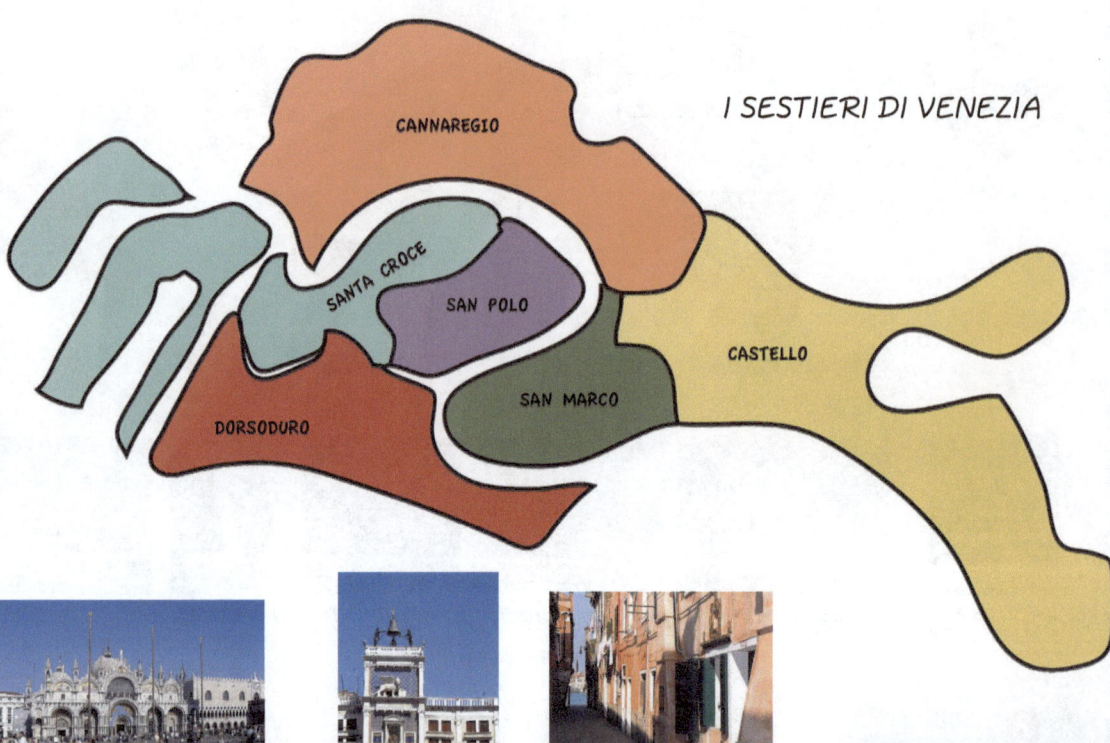
I SESTIERI DI VENEZIA

LA PIAZZA S. MARCO

L'OROLOGIO DEI DUE MORI

LA CALLE

LA FONDAMENTA

I COLOMBI

IL RIO

IL CAMPO

La città

Venezia è costruita su piccole isole. Le case sono appoggiate su grossi pali di legno. La città ha la forma di un grosso pesce tagliato a metà dal Canal Grande.

A Venezia si usano parole particolari:
- **Rio** è il canale che troviamo in molte parti della città;
- **Fondamenta** è la strada che sta vicino al canale;
- **Campo** è la piazza;
- **Calle** è la via, la strada;
- **Sestiere** è il nome delle sei zone in cui è divisa Venezia: Cannaregio, San Marco, Santa Croce, Castello, Dorsoduro e San Polo.

A Venezia ci sono molti palazzi importanti, che hanno sulla facciata molti archi e finestre, per renderli più leggeri.

Piazza San Marco è circondata da portici con bar famosi e negozi eleganti, pieni di turisti durante tutto l'anno. In piazza si possono ammirare: la Basilica, il campanile, il palazzo Ducale, l'orologio dei due mori, i portici e tanti, tanti colombi.

Modulo 3 Unità 3

b

9. Leggi le frasi e cerca nel testo dell'attività 8 le parole a cui si riferiscono.

a È il nome delle sei zone in cui è divisa Venezia.

b Così si chiama la piazza.

d Significa *via, strada*.

c È il canale che troviamo in molte parti della città.

e È la strada che sta vicino al canale.

c

10. A turno fate delle domande e rispondete, come nell'esempio. Utilizzate tutte le informazioni che avete su Venezia.

CHE FORMA HA VENEZIA?

HA LA FORMA DI UN GROSSO PESCE TAGLIATO A METÀ DAL CANAL GRANDE!

b c

11. Scegliete il palazzo che volete visitare per primo e spiegate perché.

CA' D'ORO
È un bellissimo palazzo nel sestiere di Cannaregio, costruito nella prima metà del 1400. È sul Canal Grande vicino al ponte di Rialto.
Si chiama così perché in origine alcune parti della facciata erano ricoperte d'oro.

CA' FOSCARI
È uno dei più famosi palazzi di Venezia, si trova nel sestiere di Dorsoduro ed è della fine del 1300. Nel passato era una casa nobiliare, poi un ospedale, una caserma, una scuola. Oggi è la sede dell'Università Ca' Foscari.

PALAZZO DUCALE
È vicino alla basilica di San Marco e ai Piombi, le antiche prigioni, chiamate così per il loro sottotetto di piombo.
I Piombi sono uniti al Palazzo Ducale dal Ponte dei Sospiri, che era chiamato così perché i prigionieri che lo attraversavano sospiravano pensando alla libertà perduta.

LA FENICE
È il teatro lirico di Venezia, inaugurato nel 1792. Recentemente distrutto da un incendio, è stato ricostruito come prima.

Modulo 3 Unità 3

12. Sei a Venezia durante il Carnevale. Leggi i testi e racconta quali mezzi di trasporto usi, cosa vedi e cosa mangi.

LA GONDOLA

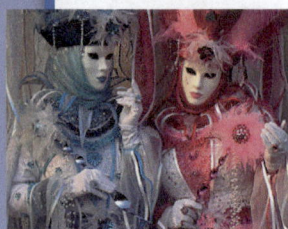
IL CARNEVALE

IL VAPORETTO

La gondola
È la tipica barca veneziana. Oggi è usata soprattutto dai turisti. Per muoversi velocemente in città si usano i vaporetti o i motoscafi. La gondola è lunga 11 metri e dipinta di nero. Il gondoliere rema in piedi, con un solo remo.

Il Carnevale
Una volta il Carnevale si festeggiava per sei settimane, tutti si travestivano e partecipavano a balli, giochi, divertimenti.
Oggi si organizzano feste, balli e spettacoli teatrali. La gente viene da ogni parte del mondo e va per le calli della città con abiti tradizionali o di fantasia.

FEGATO ALLA VENEZIANA

POLENTA BIANCA CON PESCE

SARDE IN SAOR

La cucina
Nelle locande veneziane si possono gustare molti piatti deliziosi legati alla tradizione: il risotto, il carpaccio, il fegato alla veneziana, le sarde in saor e la polenta bianca con il pesce.

a Pronomi diretti e indiretti

13. Sei al mercato del pesce. Leggi il testo e guarda le fotografie. Fate le domande e rispondete, come nell'esempio.

MANGI L'ANGUILLA?
SÌ, LA MANGIO. È BUONISSIMA!

MANGI LE CHIOCCIOLINE?
NO, NON LE MANGIO. NON MI PIACCIONO.

Il mercato del pesce
Vicino al Ponte di Rialto c'è un antico mercato del pesce, dove si possono trovare molti pesci dai tipici nomi in dialetto veneziano: la *canocia* (la canocchia), la *schia* (il gamberetto grigio), la *moeca* (il granchio verde), il *bisato* (l'anguilla), i *peoci* (le cozze), i *bovoeti* (le chiocciloline), i *pesati* (i pesciolini).

LA CANOCCHIA L'ANGUILLA IL GAMBERO GRIGIO  IL GRANCHIO VERDE

LE COZZE LE CHIOCCIOLINE I PESCIOLINI

112
centododici

Modulo 3 Unità 3

A

14. Ascolta e indica nell'ordine le illustrazioni.

🔘 17

A S

15. Riascolta e rispondi su un foglio alle domande.

🔘 17

- **a** Come è chiamato il piccione a Venezia?
- **b** Quale cibo deve mangiare il piccione?
- **c** Qual è il simbolo di Venezia?
- **d** Perché i gatti sono importanti a Venezia?
- **e** Quali sono gli animali tipici di Venezia?
- **f** In quali stagioni c'è il fenomeno dell'acqua alta a Venezia?

S

16. Scrivi su un foglio un breve testo su Venezia per la rubrica "Lo sapete che" del giornalino della scuola.

L S

17. Leggi i testi. Poi scrivi su un foglio le risposte.

Marco Polo (1254-1324) era un mercante veneziano. È stato uno dei primi esploratori ad arrivare fino in Cina. È rimasto in Estremo Oriente per circa 17 anni. Tornato a Venezia, ha preso parte a una guerra contro Genova ed è stato fatto prigioniero. Dalla prigione ha dettato i suoi ricordi di viaggio a un compagno di cella: è nato così "Il Milione", il libro che raccoglie le sue avventure.

 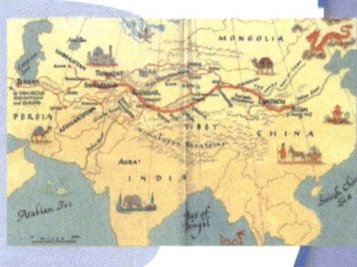

 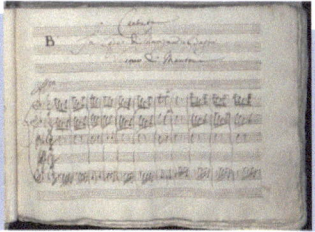

Antonio Vivaldi (1678-1741) era un grande musicista. Lo chiamavano Prete Rosso perché era un sacerdote e per il colore dei suoi capelli. Ha composto molte opere, la più famosa è "Le quattro stagioni".

Carlo Goldoni (1707-1793) era un grande autore di commedie, ne ha scritte circa 250. In queste opere ha raccontato come si viveva a Venezia e ha preso in giro la società del suo tempo. A Venezia si può visitare la sua casa.

- **a** Cosa è "Il Milione"?
- **b** Perché Vivaldi veniva chiamato il "Prete Rosso"?
- **c** Cosa descrive Goldoni?

Modulo 3 Unità 3

S

18. Scrivi una lettera a un amico di un altro Paese per convincerlo a visitare Venezia. Segui lo schema.

1. dove e come è costruita la città
2. mezzi di trasporto
3. palazzi famosi
4. eventi
5. piatti tipici
6. tradizioni
7. personaggi famosi

L

19. Sai che cosa vuol dire? Rileggi una parte del testo della guida turistica dell'attività 4.

> In inverno spesso c'è il fenomeno dell'**acqua alta**, cioè l'acqua del mare invade la città.

"Acqua alta" in questo caso vuol dire:

Fenomeno tipico di Venezia quando si alza il livello dell'acqua.

Fenomeno tipico delle fontane, quando l'acqua straripa.

Fenomeno del Lago di Garda, quando l'acqua del lago esce dagli argini.

R

20. Che cosa hai imparato?

 Q18

114
centoquattordici

Modulo 3 Unità 3

ITALIA Lo sai che...

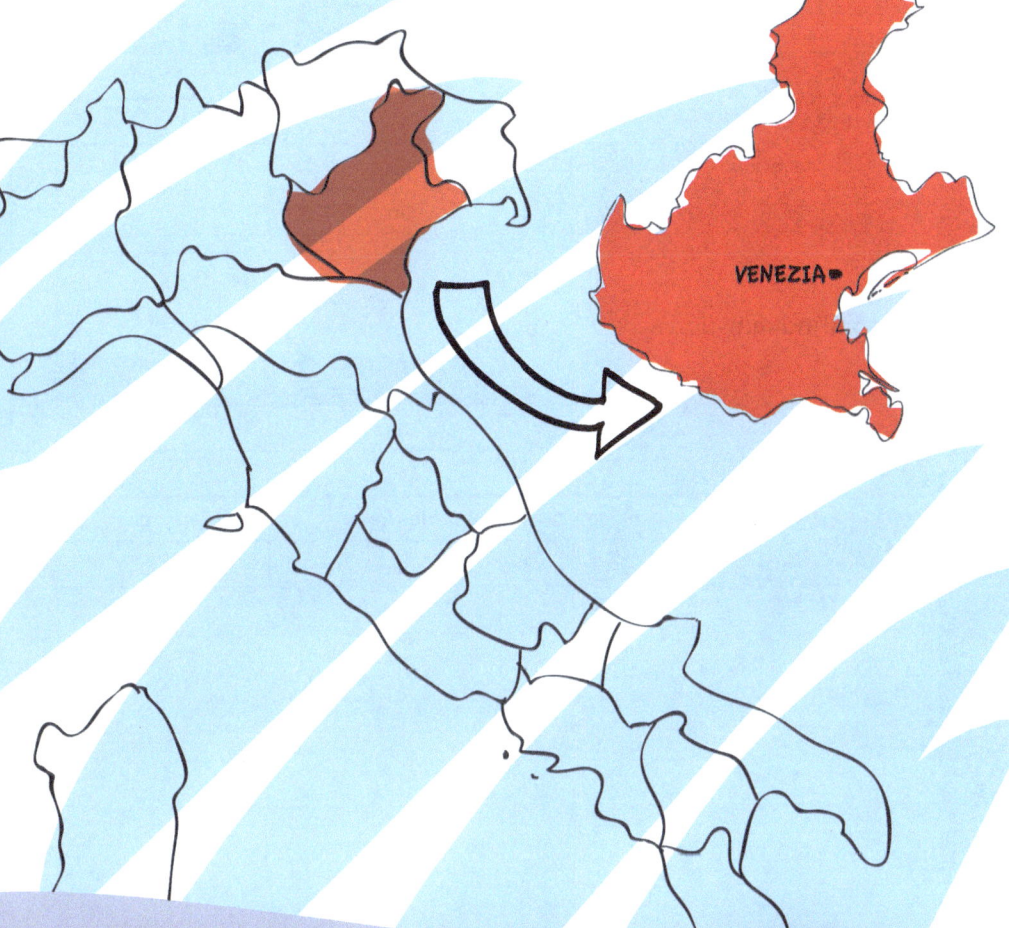

Il Veneto
È la regione con capoluogo Venezia.
Sapete come è nata la città? Quando l'Impero Romano nel V secolo d.C. è crollato, la penisola italiana è stata invasa da tanti popoli. Alcuni abitanti del Veneto per salvarsi si sono rifugiati nelle tante piccole isole vicino alla costa. Così è nata Venezia che è sempre stata una città elegante, famosa per gli splendidi palazzi con tanti archi e finestre.
Era famosa anche per gli abiti fatti di stoffe preziose e per i suoi profumi. I mercanti veneziani importavano tessuti raffinati ed essenze profumate in particolare dall'Oriente.
Nel Trecento il profumo preferito era la lavanda, nel Quattrocento la violetta e il muschio, nel Cinquecento tutti i profumi erano di moda.
Si profumava ogni cosa: dalle selle dei cavalli, alle scarpe, alle calze.

Modulo 3 Unità 3

Grammatic@

1. Pronomi diretti e indiretti

Pronomi diretti

	singolare	plurale
prima persona (femminile e maschile)	mi	ci
seconda persona (femminile e maschile)	ti	vi
terza persona femminile	la	le
terza persona maschile	lo	li

Pronomi indiretti

	singolare	plurale
prima persona (femminile e maschile)	mi	ci
seconda persona (femminile e maschile)	ti	vi
terza persona femminile	le - Le	gli
terza persona maschile	gli	gli

Modulo 3 Unità 4

Sotto a chi tocca

> IMPARO A ORDINARE DI FARE O NON FARE QUALCOSA E A RICEVERE ORDINI IN SITUAZIONI QUOTIDIANE.

C

1. Certamente avete partecipato a una festa di compleanno. Dite dove era, come era addobbata la sala, cosa avete fatto, cosa avete mangiato e bevuto. Se necessario, aiutatevi con le espressioni della lista.

 I FESTONI

 LO STRISCIONE

 GLI SPIEDINI ALLA FRUTTA

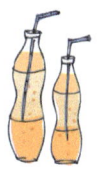 LE BIBITE

 LO SPUMANTE ANALCOLICO

 ACCOGLIERE

 APPLAUDIRE

 FARE IL BRINDISI

 REGALARE QUALCOSA

Parole per ... descrivere una festa di compleanno

addobbi
i festoni, lo striscione

azioni
ascoltare musica, aprire pacchetti, ballare, preparare, addobbare, divertirsi, mangiare, bere, festeggiare, accogliere, tagliare la torta, applaudire, cantare, fare gli auguri, ridere, scherzare, fare il brindisi, fare regali, regalare qualcosa

cibi
le patatine, i popcorn, le pizzette, gli spiedini di carne, gli spiedini alla frutta, l'insalata di riso, le tartine, la frutta, la torta, il gelato

bevande
l'acqua minerale, le bibite, l'aranciata, il succo di frutta, lo spumante analcolico

2. Ascoltate il dialogo e dite di che cosa parla.

> DOVETE SOLO APRIRE IL FRIGO!

Modulo 3 Unità 4

c

3. A turno fate cinque domande sul dialogo che avete ascoltato e rispondete.

s c

4. Riascolta il dialogo e scrivi almeno tre ordini che vengono dati. Confrontatevi.

● 18

l c

5. Leggete i fumetti e interpretate le scenette.

L'aranciata

Gli spiedini alla cipolla

Lo striscione

Modulo 3 Unità 4

6. *Prendete un dado e due pedine e fate il gioco dell'oca.*

1 PARTENZA

2 Cosa stanno preparando i ragazzi?

3 Cosa manca alla festa?

4 Chi va a prendere l'aranciata?

5 Va' avanti di una casella per aiutare in cucina.

6 Torna indietro di una casella per andare a comperare alcune bibite.

7 Francesco è un ragazzo smemorato o preciso?

8 Perché Lucia vuole spalancare la finestra?

9 Quali spiedini hanno preparato i ragazzi per la festa?

10 Fermati un giro per chiudere le finestre.

11 Cosa non ha preparato Francesco per la festa?

12 Cosa deve essere scritto sullo striscione?

13 Fermati un giro per preparare lo striscione della festa.

14 Chi è il festeggiato?

15 Quale bibita viene nominata dai ragazzi?

16 Torna indietro di due caselle per pulire i tavoli.

17 Quale incarico aveva ricevuto Francesco?

18 ARRIVO

Modulo 3 Unità 4

7. Ascolta e indica il bigliettino che ha ricevuto Giulia. 😊😊 *Confrontatevi.*

1
Ti invitiamo alla festa a sorpresa per Andrea a casa di Lucia e Stefano in via Bari, 10.
Ore 16:00 inizio festa.
Gli organizzatori:
Stefano, Lucia, Francesco, Sandro, Sara, Sabrina.
P.S. Chi aiuterà, è pregato di arrivare alle ore 15:00 e…
Sotto a chi tocca!

2
Ti invitiamo alla festa a sorpresa per Andrea a casa di Lucia e Stefano in via Bari, 10.
Giorno: 15 Maggio, inizio festa ore 16:00.
Gli organizzatori:
Stefano, Lucia, Francesco, Sandro, Sara, Sabrina.
P.S. Chi vuole aiutare, è pregato di arrivare alle ore 15:00 e…
Sotto a chi tocca!

3
Ti invitiamo alla festa a sorpresa per… a casa di Lucia e Stefano in via Bari, 10.
Giorno 15 Maggio.
Gli organizzatori:
Stefano, Lucia, Francesco, Sandro, Sara, Sabrina.

8. Rileggi i bigliettini dell'attività 7. 😊😊 *Scegliete l'invito che i ragazzi avrebbero dovuto mandare.*

9. Leggi una pagina del diario di Stefano e scrivi su un foglio quella del diario di Lucia. 😊😊 *Confrontatevi.*

Caro diario,
oggi è stata una giornata indimenticabile. Papà ci ha dato il permesso di fare a casa nostra la festa di compleanno per Andrea. Ho messo le pizzette nel forno e ho preparato da solo le tartine. Ho steso la tovaglia sul tavolo, mentre mia sorella Lucia pensava solo a vestirsi, pettinarsi e a riempirsi il viso di creme e colori. Ho preparato i bicchieri, i piattini di plastica e ho messo tutte le bibite sul tavolo. Mia sorella intanto continuava a provare scarpe. Purtroppo le pizzette nel forno si sono quasi bruciate!
Allora ho messo nel forno degli spiedini. Quando sono arrivati i primi amici, l'appartamento era pieno di fumo e di odore di cipolla, per via degli spiedini. Mia sorella mi ha detto: "Non ti si può mai affidare un compito! Sei proprio inaffidabile!". Poi è stata molto brava a dare ordini a tutti! Ha detto: "Sotto a chi tocca! Sara, apri la finestra in fondo, qui non si respira! E tu, Sandro, lascia la porta aperta! Cambiamo aria, qui c'è odore di cipolla! Completate lo striscione!". Non spaventate il cane, e tu, Giuseppe, non fumare! Alessandra, tu porta qui la torta!".
Anche durante la festa ha dato ordini: "Daniele, dai da bere a tutti! Ragazzi, non fate chiasso, non disturbate i vicini!".
Quando la festa è finita, mia sorella si è sdraiata sul divano e ha detto: "Come sono stanca, Stefano, porta fuori tu il cane!".
A me dalla rabbia usciva il fumo dalle orecchie. Lei con quel "sotto a chi tocca" fa sempre lavorare gli altri!

10. 😊😊😊 *Organizzate la festa di fine anno scolastico. Su un foglio fate l'elenco delle cose che vi servono e scrivete il bigliettino d'invito.*

11. *Distribuite i compiti per la festa: date ordini ai ragazzi della vostra classe, come nell'esempio. Potete utilizzare le espressioni della lista.*

LAURA, NON SPALANCARE TROPPO LE FINESTRE!

TU, CARLA, PROCURA I CD!

MANUELE, NON APPENDERE LÌ LO STRISCIONE!

MARCO E MICHELE, PREPARATE LE BIBITE!

PREPARA TU LE LATTINE, JACOPO!

Espressioni per… ordinare di fare o non fare qualcosa

Tu

Porta i bicchieri! Non portare i bicchieri!
Metti la tovaglia! Non mettere la tovaglia!
Completa lo striscione! Non completare lo striscione!
Metti i CD vicino al lettore! Non mettere i CD vicino al lettore!
Riempi la ciotola con le patatine! Non riempire la ciotola con le patatine!
Porta un po' di frutta! Non portare un po' di frutta!

Voi

Portate i bicchieri! Non portate i bicchieri!
Mettete la tovaglia! Non mettete la tovaglia!
Completate lo striscione! Non completate lo striscione!
Mettete i CD vicino al lettore! Non mettete i CD vicino al lettore!
Riempite la ciotola con le patatine! Non riempite la ciotola con le patatine!
Portate un po' di frutta! Non portate un po' di frutta!

Modulo 3 Unità 4

c

12. 😊😊😊 *Organizzate con la classe una visita al museo. Distribuite i compiti e date ordini, come nell'esempio.*

ORGANIZZAZIONE DELLA VISITA

COMPRA TU I BIGLIETTI, PER FAVORE, E CHIEDI LO SCONTO PER STUDENTI!

DAVANTI AL MUSEO

ASPETTATE, VADO A CHIEDERE SE LA GUIDA È PRONTA!

NEL MUSEO

PAOLO, NON TOCCARE GLI OGGETTI! E VOI FATE SILENZIO, NON ALZATE LA VOCE!

Consigli per… organizzare una visita al museo

informarsi sugli orari degli autobus
comprare i biglietti
informarsi sull'orario di apertura e di chiusura
chiedere il prezzo
richiedere gli opuscoli
richiedere una guida
definire il luogo dell'incontro
comportarsi bene
parlare a bassa voce
osservare gli oggetti senza toccarli
rispettare le regole

L C

13. 😊😊😊 *A turno scegliete una situazione, date ordini e rispondete. Potete utilizzare le espressioni della lista.*

 Q9 → Q17

ⓐ 1 Imperativo di alcuni verbi irregolari

ⓐ 2 Imperativo dei verbi riflessivi

ⓐ 3 Imperativo con i pronomi diretti e indiretti

Situazioni

1 Sei a una festa con un tuo amico. Chiedigli di portarti da bere.

2 Sei in barca con un tuo amico. Ordinagli di non sporgersi troppo perché potrebbe cadere in mare.

3 Sei al cinema con i tuoi amici che sono un po' chiassosi. Ordina loro di stare un po' più calmi.

4 Una tua amica vuole venire a casa tua a chiacchierare. Le dici che va bene, ma ordinale di venire dopo le cinque.

5 Inviti i tuoi amici a ballare a casa tua. Ordina loro di togliersi le scarpe per non sporcare il pavimento.

6 Un tuo amico vuole giocare con te a calcio. Digli che questa volta il pallone lo porta lui.

Espressioni per… rispondere a degli ordini

Vado subito!
D'accordo! Ok!
Perché sempre io?
L'abbiamo già fatto!
L'ho già portato ieri…!
Non ci pensiamo proprio!

Uffa!
Sì, però…
Oggi lo porto, ma domani…
Lo facciamo più tardi!
Va bene! A presto.

Modulo 3 Unità 4

14. Completate a turno un ordine per ogni colonna. Alternatevi.

Sabrina, non toccare quel… 	Valentina, scrivi tu gli… 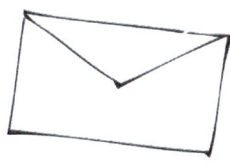	Carolina, aspetta i tuoi… 	……………………… 
Giacomo, compra tu i… 	Sirio, compra alcuni… 	Susi e Stefania, non toccate quella… 	……………………… 
Marisa controlla l'… 	Gaia, prenota tu la… 	Monica e Gigi, ringraziate la… 	……………………… 
Massimo, di' a tutti che ci troviamo davanti al… 	Maria e Rudi, prenotate la pizzeria… 	Vito e Fede, controllate la lista dei… 	……………………… 

Modulo 3 Unità 4

15. Sai che cosa vuol dire? Rileggi una parte del diario di Stefano dell'attività 9.

> Poi è stata molto brava a dare ordini a tutti. Ha detto: "**Sotto a chi tocca!** Sara, apri la finestra in fondo, qui non si respira! E tu, Sandro, lascia la porta aperta! Cambiamo aria, qui c'è odore di cipolla! Non spaventate il cane, e tu, Giuseppe, non fumare. Alessandra, tu porta qui la torta!".

"Sotto a chi tocca" in questo caso vuol dire:

È arrivato il turno di qualcuno per fare qualcosa.   Bisogna aspettare sotto un albero.   Non si devono toccare gli addobbi.

16. Che cosa hai imparato?

 Q18

Modulo 3 Unità 4

ITALIA Lo sai che...

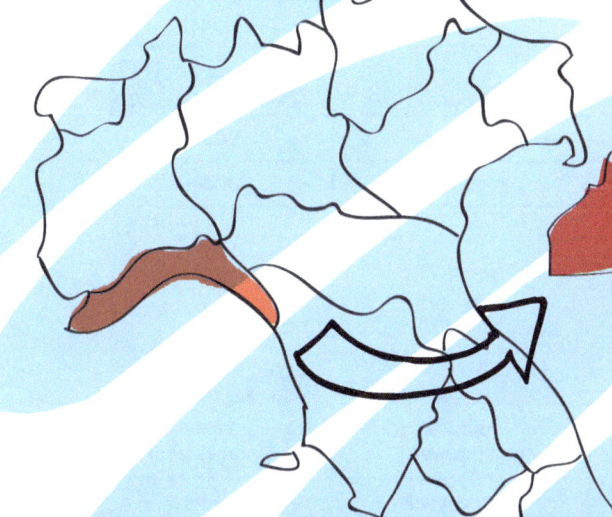

La Liguria
È una regione lunga e stretta, fra il mare e le montagne. Il capoluogo è Genova, città importante per il suo antico e trafficato porto. Genova ha una cattedrale antica, ricca di oggetti di grande valore. Ha anche un grande acquario dove si possono ammirare pesci di ogni specie.
In Liguria ci sono luoghi turistici famosi per la loro bellezza come l'indimenticabile tramonto di Portofino o il Parco nazionale delle Cinque terre, dichiarato dall'UNESCO patrimonio mondiale dell'umanità.

Il porto di Genova

La Cattedrale di Genova

L'Acquario di Genova

Modulo 3 Unità 4

Grammatic@

1. Imperativo di alcuni verbi irregolari

	essere	*avere*	*dire*	*dare*
Tu	sii!	abbi!	di'!	da'/dai!
Voi	siate!	abbiate!	dite!	date!

	fare	*stare*	*andare*	*venire*
Tu	fa'/fai!	sta'/stai!	va'/vai!	vieni!
Voi	fate!	state!	andate!	venite!

2. Imperativo dei verbi riflessivi

	alzarsi	*muoversi*	*vestirsi*
Tu	alzati! non alzarti!	muoviti! non muoverti!	vestiti! non vestirti!
Voi	alzatevi! non alzatevi!	muovetevi! non muovetevi!	vestitevi! non vestitevi!

3. Imperativo con i pronomi diretti e indiretti

Imperativo con pronomi diretti

	portare	*mettere*	*riempire*
Tu	portalo! non portarlo!	mettilo! non metterlo!	riempilo! non riempirlo!
Voi	portatelo! non portatelo!	mettetelo! non mettetelo!	riempitelo! non riempitelo!

Imperativo con pronomi indiretti

	portare	*mettere*	*riempire*
Tu	portagli! non portargli!	mettigli! non mettergli!	riempigli! non riempirgli!
Voi	portategli! non portategli!	mettetegli! non mettetegli!	riempitegli! non riempitegli!

Modulo 3 Unità 5

Gridare al lupo

IMPARO A RICONOSCERE CARATTERISTICHE DI ANIMALI E PERSONE E A CAPIRE E RACCONTARE FAVOLE.

I **C**

1. *Abbina ai disegni i nomi della lista.* 😊😊 *Confrontatevi.*

AGNELLO   CANE   CONIGLIO   GAMBERO   LUMACA   MULO   TALPA   VOLPE

C

2. 😊😊 *Pensate agli animali dell'attività 1 e scegliete nella lista una caratteristica per ognuno.*

 Q1

Parole per… descrivere un animale			
sordo	prepotente	intelligente	rosso
forte	pauroso	fedele	bianco
mite	veloce	paziente	furbo
impaziente	stupido	infedele	cieco
lento	testardo	debole	coraggioso

127
centoventisette

Modulo 3 Unità 5

5. Scegliete a turno una situazione e completatela con il modo di dire adatto, come nell'esempio. Scrivete le lettere e scoprite la parola nascosta.

Situazioni

1. Quando io e mio fratello maggiore litighiamo…
2. Se non voglio proprio cedere, se non voglio cambiare idea, …
3. Se invece cambio idee e opinioni molto facilmente, …
4. Quando ripeto le stesse parole che ho sentito dagli amici, …
5. Se un compagno prende le mie cose senza chiedere, …
6. Quando spendo tutti i soldi della paghetta in due giorni, …
7. Quando torno da scuola e mi siedo a tavola per pranzare, …
8. Quando mi preparo bene per il compito di matematica, …

Modi di dire

- **L** sono come la cicala.
- **G** divento una belva.
- **O** sono testardo come un mulo.
- **C** siamo come cane e gatto.
- **I** ho una fame da lupo.
- **O** lavoro come una formica.
- **N** faccio il camaleonte.
- **I** faccio il pappagallo.

6. Scrivi su un foglio alcune frasi su di te, usando i modo di dire, come nell'esempio.

NON TRADISCO MAI GLI AMICI. SONO FEDELE COME UN CANE.

Modulo 3 Unità 5

7. Abbina ogni bigliettino a un testo illustrato. Confrontatevi.

a Un giovane pastore, mentre pascolava le sue pecore, gridava per scherzo "Al lupo!". La gente del paese correva inutilmente in suo aiuto. Un giorno è arrivato davvero il lupo. Il pastorello ha gridato: "Al lupo, al lupo!" e nessuno è corso più in suo aiuto.

1 FARE LA PARTE DEL LEONE

b  Una volpe voleva mangiare dell'uva, ma era troppo in alto per lei. Allora ha detto: "Non è ancora matura, è meglio lasciarla lì!"

2 FARE COME LA LEPRE CON LA TARTARUGA

c Una lepre e una tartaruga hanno fatto una gara di velocità. La tartaruga ha cominciato a camminare lentamente. Intanto la lepre, sicura di vincere, si è riposata su un prato. Quando la tartaruga era vicino al traguardo, la lepre si è messa a correre, ma ormai era troppo tardi. La tartaruga così ha vinto la gara.

3 FARE LA CICALA / ESSERE UNA FORMICA

d  Una formica ha lavorato tanto per tutta l'estate. La cicala intanto cantava e si divertiva. Quando è arrivato l'inverno la formica poteva mangiare le sue provviste; la cicala invece aveva freddo e fame.

4 FARE COME LA VOLPE CON L'UVA

e Un leone, un asino e una volpe sono andati insieme a caccia. L'asino ha diviso la preda in tre parti uguali. Il leone ha voluto una parte più grande e ha divorato l'asino. La volpe, vista la situazione, ha lasciato tutto al leone e se n'è andata.

5 GRIDARE AL LUPO

Modulo 3 Unità 5

8. Leggi la favola e collega le varie parti alla struttura. Scopri la parola nascosta. Confrontatevi.

Il leone, il cinghiale e gli avvoltoi
di Esopo

Struttura della favola illustrata

O
Cominciano subito a litigare, perché tutti e due vogliono bere per primi. Dalle parole passano ai fatti: iniziano a lottare furiosamente e ad azzannarsi.

O
Così il leone e il cinghiale interrompono la lotta e dicono: "Meglio essere amici tra di noi che essere cibo per gli altri."

1. Situazione iniziale

2. Situazione intermedia

T
Durante l'estate, quando l'afa e il caldo provocano la sete, un leone e un cinghiale si trovano nello stesso momento vicino a una piccola sorgente.

P
Sono già feriti e sanguinanti, quando, alzando lo sguardo al cielo per riprendere fiato, vedono uno stormo di avvoltoi, gli uccelli che si cibano di corpi morti. Questi aspettano di divorare il primo che cadrà morto.

3. Situazione finale

4. Insegnamento morale

9. Raccontate a turno la favola dell'attività 8. Aiutatevi con le espressioni della lista.

Connettivi temporali

Espressioni per... raccontare

un pomeriggio d'estate   però
subito   a questo punto
ben presto   così

10. Ascolta la favola e osserva le illustrazioni.

Il corvo e la volpe

OH CORVO, SE TU AVESSI UN PO' DI CERVELLO, POTRESTI PROPRIO ESSERE RE.

Modulo 3 Unità 5

A S

11. Riascolta la favola dell'attività 10 e prendi appunti per raccontarla.

P

12. 😊😊 Raccontate a turno la favola dell'attività 10. Trovate la morale appropriata nella lista.

> **Frasi per... esprimere la morale di una favola**
>
> Chi è più forte vuole avere sempre ragione.
> Se vuoi fare male a qualcuno, un altro può fare male a te.
> È meglio fare tutto oggi, domani può essere tardi.
> Chi non è onesto alla fine rimane solo.
> Non si devono ascoltare quelli che fanno troppi complimenti.

S P

13. Inventa una favola e scrivila su un foglio. Segui la struttura dell'attività 8. 😊😊 Raccontatela.

C

14. 😊😊😊 Scegliete una favola tra quelle inventate nell'attività 13 e recitatela.

L

15. Sai che cosa vuol dire? Rileggi la favola dell'attività 7.

> Un giovane pastore, mentre pascolava le sue pecore, gridava per scherzo "Al lupo!". La gente del paese correva inutilmente in suo aiuto. Un giorno è arrivato davvero il lupo. Il pastorello **ha gridato**: "Al lupo, al lupo!" e nessuno è corso in suo aiuto.

"Gridare al lupo" in questo caso vuol dire:

Ululare come il lupo.   Vedere un lupo e gridare.   Spaventare per scherzo.

R

16. Che cosa hai imparato?

Modulo 3 Unità 5

ITALIA Lo sai che...

L'Umbria
Il capoluogo è Perugia. Il territorio è collinare e montuoso. La vite e l'ulivo costituiscono le colture principali delle zone collinari.
In Umbria si trova il Lago Trasimeno. La regione è attraversata dal fiume Tevere.
Il patrimonio artistico della regione è notevole e attira molti turisti. In Umbria sono nati e vissuti molti santi cattolici, tra cui San Francesco d'Assisi e Santa Chiara.

Paesaggio umbro

San Francesco e Santa Chiara

La Toscana
È una regione dell'Italia centrale bagnata dal Mar Tirreno. Il capoluogo è Firenze, attraversata dal fiume Arno. Il paesaggio all'interno della regione è montuoso e collinare, nelle zone costiere invece si trovano diverse pianure (zona della Versilia e della Maremma).
Il patrimonio artistico della Toscana è molto ricco perchè è stata la terra di molti artisti famosi. A Firenze è nato il padre della lingua italiana, Dante Alighieri, e hanno lavorato gli artisti Giotto, Leonardo e Michelangelo.

Firenze

Dante

Modulo 3 Unità 5

Grammatica

1. Connettivi temporali

Situazione iniziale	Situazione intermedia	Situazione finale
una volta prima di tutto un giorno	quindi dopo un po' di tempo dopo alcuni minuti il giorno seguente / il giorno dopo giorno dopo giorno intanto a un certo punto	alla fine infine così

Appunti

Appunti

Appunti

Appunti

Appunti

Appunti

Appunti

Appunti

Direzione editoriale: **Ciro Massimo Naddeo**
Coordinamento editoriale e redazione: **Sabrina Galasso, Chiara Sandri**
Progetto grafico e impaginazione: **Gabriel de Banos**
Copertina: **Lucia Cesarone**
Illustrazioni: **Ottavia Bruno**

Coordinamento didattico: **Jolanda Caon**
Coordinamento del progetto: **Claudia Dordi, Marco Piaia**
Consulenza scientifica: **Carla Bertacchini, Rita Gelmi**
Coordinamento della sperimentazione: **Milena Belluzzi, Lorenza Graziadei, Elisabetta Leonardi**

Coordinamento audio: **Vanni Cassori**
Registrazioni dialoghi curate da **Federica Chiusole** con la collaborazione di **Michele Tesolin**

Si ringrazia per la collaborazione audio il signor **Alexander Werth**

Provincia Autonoma di Bolzano-Alto Adige
Ripartizione Cultura tedesca e famiglia
Ufficio audiovisivi

Si ringraziano tutti i ragazzi coinvolti nella sperimentazione per il senso di responsabilità con cui hanno partecipato al lavoro.
Si ringraziano gli sperimentatori: Patrizia Arcaini, Lucia Baghin, Milena Belluzzi, Anna Bignotti, Nora Boso, Paola Bruni, Michela Buglione, Alessio Cannepele, Cason Paola, Jole Cocco, Stefania Fronza, Lorenza Graziadei, Maria Cristina Labriola, Elisabetta Leonardi, Sarah Viola.

Le voci dei brani audio sono di: Gianni Beber, Roberto Bellia, Samuel Bertoldi, Andrea Bonetti, Valentina Bortolini, Lara Casagrande, Federica Chiusole, Christian Dalla Rosa, Denise De Filippo, Arianna Fontanari, Mirco Gretter, Giulia Grisenti, Sami Hannioui, Anastasia Laner, Manuela Lotti, Zarife Osmani, Leonardo Paoli, Pier Andrea Pincigher, Rocco Rampino, Giovanni Rigoni, Diego Santuari, Livio Sartori, Andrea Stambul, Michele Tesolin, Michele Toldo, Fabio Zacà.

Si ringraziano per le registrazioni la Scuola Media "Tullio Garbari" Pergine Valsugana e la Prof.ssa Marta Scalfo.
Si ringrazia per il prezioso aiuto Vittoria Chiaravalloti.
Si ringraziano per la collaborazione Paolo Perri e Tiziano Popoli.
Un ringraziamento inoltre a Diego Baruffaldi e Elisa Salvadori.

In bocca al lupo, ragazzi! è un progetto realizzato da Alma Edizioni in collaborazione con l'Istituto Pedagogico Tedesco di Bolzano.

Printed in Italy

ISBN 978-88-6182-176-7

© 2011 ALMA Edizioni
Prima edizione: maggio 2011

ALMA Edizioni
Viale dei Cadorna, 44
50129 Firenze
alma@almaedizioni.it
www.almaedizioni.it

L'Editore è a disposizione degli aventi diritto per eventuali mancanze o inesattezze.
I diritti di traduzione, di memorizzazione elettronica, di riproduzione e di adattamento totale o parziale, con qualsiasi mezzo (compresi i microfilm e le copie fotostatiche), sono riservati per tutti i paesi.